JN089106

PRODUCT BRANDING

必ず成果につながる

「商品ブランディング」実践講座

村尾隆介 Murao Ryusuke

日本実業出版社

FIRSTLY 01 | ブランディングで 商品の好感度をアップ

ブランディングを任され 困り果てているあなたへ

「社運をかけた新しいサバ缶、君にブランディングを任せたい」。そんな風に上司に頼まれ困り果てている方を思い描き私はペンを執りました。「ブランディング」という言葉の登場頻度は、どこの現場でも増えてきています。が、**いざ自分がやるとなったら何をどこから始めていいやら…。そんな時のサポートになりたい**と、あたかもブランディングのコンサルタントがあなたに寄り添っているように、この本は綴られています。まだ多くの日本の企業がブランディングの本質や効果に気づいていません。なので、ここは1日も早く商品ブランディングの成功体験を積み御社の得意技に加えるがスマート！ 共に楽しみながらプロジェクトを進めましょう。で、早速ですが隣のシチュエーション…。この場面において、あなたは何をすればいいと思いますか？ どんな仕事から着手し、どこに着地すればいいと思いますか？ ちょっと想像してみましょう…。

商品ブランディング＝ 好感度＆インパクト

先に大雑把なことをいえば商品ブランディングとは、あなたの商品に好感度やインパクトを加えることです。あなたのサバ缶の他にもスーパーの棚には無数にライバルが並んでいます。その中でも輝いて見えること、特別な何かが感じられること。「安いから」で手に取られるのではなく少しくらい割高でも「試してみたい」と思わせるパワーがあること。つまり、あなたのサバ缶を**"ひとつ上の商品"に見せること。それがブランディングです。**そのためにはデザイン力を高めたり、ネーミングを際立たせたり、什器やＰＯＰにこだわったり、ネット上の発信をユニークにしたり、はたまたこれらのミックスだったり…。できることはたくさんあります。いずれにせよ、あなたの商品の魅力を最大限に表現するのがブランディング。論より証拠。次のページではブランディングで成功したサバ缶の事例をお見せします。

ブランディングした商品 その広がりは驚異的

岩手のサバ缶 アッという間に全国で人気に

既にあなたもどこかで見たことがあるかもしれません。岩手の小さな工場が2013年に発売開始した、このサバ缶。瞬く間に全国区となり普段使いやギフトに大人気です。製造は岩手缶詰株式会社、ブランディングは一般社団法人東の食の会が行い、パッケージデザインは山形のアカオニが手掛けています。フランス語で交わされる「サヴァ？（元気？）」を、そのまま〈Ça va?〉とネーミングに用い、色彩やデザインはこれまでのサバ缶の常識を覆しています。フレーバーにはレモンバジル味などもあり、つくり手が仕事を楽しんでいる様子が伺えます。**この商品には間違いなくインパクトがあり"ユニークさ"という好感度を兼ね備えています。つまり、ブランディングがなされています。**実際どこの小売店でも目立っていますし、どんどん販路が広がっているのが見受けられます。Ça va?はブランディングに何ができるかを示してくれた好例です。

商品ブランディングは 営業部隊をラクにする

〈Ça va?〉の今日まで累計販売数は600万個。中小企業が短期間で出した結果として驚異的です。でも、これこそ商品ブランディングをすることで企業が得られる最大のメリット。それは「営業なしでも買って貰えるようになる」です。このインパクトならメディアが取り上げてくれます。それを見た小売店のバイヤーから連絡はきっと引っ切りなし。お店に置かれれば、このデザインならひとりのお客さまが複数買ってくれるはず。「自分のと…、あの人にもあげよう」とギフトに使ってくれます。で、ギフトの受け手が今度はネットで「こんなのいただきました」とアップする。クチコミもコラボの話も毎日のように舞い込んできます。**ブランディングに成功すれば、商品には"引力"が備わります。そして、その"引力"は営業の仕事をラクにします。**ブランディングは何のため？ 経営的にいえば、それは営業に割く労力を最小限にしていくためです。

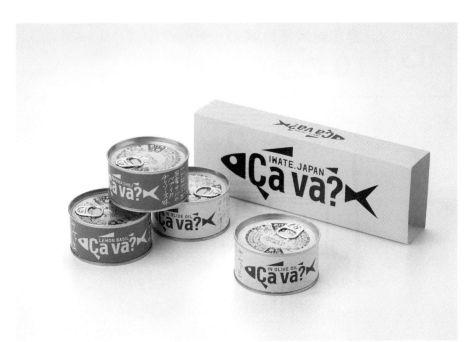

商品ブランディングが必要な10のタイミング

ひとつでも当てはまれば
ブランディングのタイミング

…と、まずはサバ缶を例に商品ブランディングの世界に触れていただきました。これにプラスしてお話ししたいのが御社に適したブランディングのタイミングについてです。あなたが今後「ブランディングとは?」を語る機会は社内外問わず増えていきます。聞き手の中にはブランディングに前向きではないメンバーもいることでしょう。その時に**知っておくといいのが一般的に企業が商品ブランディングに踏み切ろうと思うタイミング**。「ほらほら、他もそうしているんですよ」は意外と説得・納得に作用します。リストの形式が見やすいので"よくあるブランディングのタイミング"は右頁で示します。ひとつ注目していただきたいのは「脱・安売りを図りたい」と考え、商品ブランディングに行き着く会社は特に中小に多いという事実。見せ方やデザイン次第で商品をより高価格帯に見せるのはブランディングが得意とするところです。

OEMだった製造業が
自社ブランドで勝負する時代

企業が商品ブランディングに踏み切るタイミングに関連して、こんなお話も…。たとえば、下請け的な仕事をしているOEMの製造業。商品の出荷時には、どこか他の会社のブランド名を刻印するわけですが、その"いい関係"の先行きに不安を覚える中小製造業は少なくありません。**仕事が減る中でOEM企業が自然と行き着くのが"自社ブランド"での勝負**。が、それもそれで、また不安なもの。販路もゼロから確立しないといけないのに営業経験が豊富な社員は皆無…という会社は多いです。そこで商品ブランディング! その概念を経営者がどこかで知り「これこそウチが必要なもの」と取り組むOEM型の企業は増加し続けています。OEMのみならず他社商品の販売を代行してきた大手の"パートナー企業"も同じ傾向にあります。しかし、**そこから見事に自社ブランドを確立し、新しい時代を謳歌している事例は多々**。右頁は、そんな一例です。

商品ブランディングが必要な 10 のタイミング

1. 脱・安売りで価格競争に
おさらばする時

2. OEMをやめ自社ブランド
で勝負する時

3. 輸入商材を日本市場に
フィットさせる時

4. 商品を海外で展開する
ことになった時

5. デザイン性を高め
オシャレ度を増したい時

6. ギフト商材として生まれ
変わらせたい時

7. メディア露出で商品の
知名度を高める時

8. 有名な商材を軸に採用
活動を強化する時

9. 女性の支持率が高い
商品に育てていく時

10. 魅力を磨き、商品の
営業を楽にしたい時

自社ブランドを見事に確立した例

化粧ブラシの HAKUHODO と
石鹸やシャンプーの MARKS&WEB

世界で人気のタオルの UCHINO
「ウチノじゃないと…」と指名する人多数

FIRSTLY 04 | ブランド＝独創的 本書のつくりも独創的

この本の内容と工夫が あなたの味方と成り得る理由

デザインや色彩、心理学や遊び心といった要素が山盛りのブランディングは数あるビジネス戦略の中でも楽しいものです。ですので、**この本もエンタメ性を重視しました**。文字数は少なめに1項目＝400字以内。左頁各見出しは1行が13文字以内です。その理由は第6章(156頁)の中で。全頁白黒ですがブランディングは色彩も大事。色の説明は本書のカバーの折ったところ(そで)を利用し、そこで示しています。デザイン・イラストは大きく、そして多く。あなたの商品ブランディングに必要な専門家の探し方も紹介しています。ブランディングは外向きの動き(対お客さまに向けた)と同時に社内や協力会社へ向けた内向きの説明・説得も多いです。その際に使えるプレゼン資料のひな型も特設HPにパワーポイントで用意しました。特設HPには本書に沿って興した新しいスパイスブランドのケーススタディも掲載。あなたの味方になれたら嬉しいです。

B to B も B to C も 輸入商品にも使える本

「商品ブランディングに着手」といっても置かれている読者の方の立場は様々。御社が開発したオリジナル商品のブランディングを任されている方。仕入れ商品の販売をしているけど製造元はブランディングに無頓着。卸業や小売り店の立場で商品ブランディングを試みようとしている方。それが輸入商品の場合もあるでしょう。逆に海外進出のためにブランディングという方もいるでしょう。当然、B to B と B to C では少しブランディング上必要なことも異なります。「勝手にネーミングや価格を変えられない」とか「パーツメーカーだからパッケージは要らない」など、この本の内容でも重視する点は分かれるかもしれません。そこで本書のキャラクターの登場です。「B to B の場合は、こう考えましょう」や「輸入商品は、こうするといいです」といったヒントを、時折、右頁下のカンガルーが示していきます。本の内容の応用のヒントに、ぜひ。

本書のつくりの特徴＆メリット

丁寧なブランド
ケーススタディ

社内外の説得用
プレゼン資料付き

写真は大き目
たくさんの事例

ブランドに必要な
専門家の見つけ方

他にもある、この書籍のユニークな点

ページ下部のキャラが補足

QRコードで事例に即飛べる

大きく綺麗な写真とイラスト

カバーの折り込んだ箇所
（そで）でカラーを表現

リズムとエンタメ性重視の文

特設サイトで
最新事例を紹介

「こう考えるのもいいかも！」を示すキャラなのでカンガルー。
B to Bや輸入商材の考え方も時折フォローします。

知っておきたい
ブランディングの種類

ブランディングの種類と
それらが目指すもの

文字通りなので誰でも察しはつくと思いますが、企業ブランディング（コーポレート・ブランディング）は、会社そのものをブランド化すること。本書は、それとは異なり**商品ブランディングの本。商品自体のブランド化のノウハウについて語っています。**ただサービスをブランド化する「サービスブランディング」にも本書のノウハウは幾らでも応用できます。「パーソナルブランディング」というジャンルもあって、それは個人の…、たとえば社長やリーダーの見せ方の強化のことになります。地方創生時代には地域の再価値化も大事。それは地域ブランディング。それを国単位で考える場合は国家ブランディング。このようにブランディングには、たくさんの種類が存在します。核となる考え方は同じですが、ブランディングする対象が違うだけにノウハウも多少異なります。この本は商品ブランディングについてですが、他ブランディングの要素も少しずつ入れています。

ブランディングするなら
こんな風に街を見る

社会人のキャリアの中、どこかのタイミングでブランディングを任される可能性は誰にでも大いにあります。しかし、いざとなるとどこから着手していいか分からず、とりあえず本を読んだり、セミナーに出向いたり…。でも、最大の勉強は街の中にあります。街を見渡せば優れた"ブランド"と呼ばれる商品が必ず見つかります。たとえば〈レッドブル〉と〈リポビタンD〉。中身は同じようなものなのに、そのイメージや支持層、また広告の手法はまるで異なりますね。でも、コンビニなどで共存できています。私は、ここで答えを外に求めずに、自分なりにこの2つのブランドの違いや共存の理由を考え、仮説を立てられるような人が"ブランディング上手"になると思っています。**「街から学び、自社に当てはめる」。これがブランディングをマスターする最短距離です。**今日から更に感度高いアンテナを立てていきましょう！

ブランディングには種類がある

企業ブランディング

会社自体の見せ方を強化する。採用などに大きく作用

パーソナルブランディング

個人としてのイメージチェンジやイメージアップ戦略

商品ブランディング

商品の価値を高く見せ（多くの場合）脱・安売りを図る

地域ブランディング

市町村や観光名所、産地、商店街などの認知度を高める

サービスブランディング

商品同様、売り物としてのサービスの価値を高く見せる

国家ブランディング

国としての存在感や得意技を世界に伝えるために行う

街に溢れるブランド商品から学ぶ

必ず成果につながる
「商品ブランディング」実践講座

GENERALLY
序　章
ブランディングに
着手する前の基礎知識

STRATEGY 第 1 章 商品コンセプトづくりという ブランディングの準備

STRATEGY 第 2 章 ペルソナづくりという ブランディングの準備

STRATEGY 第 3 章 新カテゴリづくりという ブランディングの準備

第 **6** 章 STRATEGY | ブランディングとしての
パッケージ&印刷物

第 **7** 章 STRATEGY ┃ ブランディングとしての WEB&SNSでの発信

STRATEGY 第 8 章 | ブランディングとしての 広告・イベント＆話題づくり

STRATEGY 第 9 章 | ブランディングとしての 什器・ＰＯＰ＆販促品

STRATEGY
第 **10** 章 | ブランディングとしての
営業・流通＆ネット販売

エピローグ STRATEGY
各章で示してきたのは 実は「コンタクトポイント」

【特設ＨＰ】
http://www.starbrand.co.jp/shoseki/

カバーデザイン ■ 萩原睦（志岐デザイン事務所）
本文デザイン・DTP ■ 初見弘一（T.F.H）
本文イラスト ■ 遠藤大輔
本文写真 ■ 相澤涼太・清水博孝・奥田哲也・原三由紀・村尾隆介 他
各種デザイン ■ 毛利祐規・前原正広・後藤薫 他
WEB 関連デザイン ■ 平泉優加
協力 ■ 萩原珠・第一学院高等学校の生徒たち

序　章

ブランディングに
着手する前の基礎知識

GENERALLY 01 | ブランディング担当として恥をかかない基礎知識

ブランディングって何？
はじめの一歩としての回答

「ブランディングって何ですか？」。中学生に今こう聞かれたら、あなたはどんな回答をしますか？ 本題に入る前に少しだけブランディングの基礎知識を一緒に学んでいきましょう。ブランディングのプロジェクトでは今後たくさんの人たちと商品のローンチ（立ち上げ）までの間、社内外でミーティングを重ねることになります。**ブランディングの基礎知識は、そんな現場でないよりあった方が絶対ベター。**すでにご存じの方が多いかと思いますが、この本のつくりを活かしたビジュアルと共に今一度見ていきましょう。そもそも「ブランド」という言葉の語源は家畜に捺した焼き印です。一説によると焦げる・燃えるの"BURN"の受身形である"BURNT"が変化して"BRAND"になったと…。そして、そのBRANDに現在進行形の"ING"を足してブランディング。単なる商品をブランドと呼ばれる域にまで昇格させる行為なので「ブランディング」です。

ロゴが付いているなら
○○じゃないといけない

では、どこから何がどうなって焼き印が今日のブランドに発展したのか？ その進化を、こんな風にイメージしてみてください。当時の家畜への焼き印、元々それは家畜の所有者が分かるようにするために捺したものでした。が、時が経つにつれ、そのマーク（焼き印）は、その食肉の品質や特徴を示す証に発展します。「このマークが焼き印された俺のブタはアブラの甘味が他とは段違い」というように、**所有の証だった焼き印が、やがて競争の中で自分の食肉の特徴や他商品との違いを示す証にシフトしていったのです。**当然、売り手がこうした違いを宣言したら、そのロゴに偽りないように常にクオリティを維持をしないと信用を失います。特徴・違い・差別化・クオリティの維持と信用…、これでだいぶ今日のブランドの概念に近づきましたね。これらのキーワードは、きっとあなたが頭に思い浮かべたブランドの定義とも重なるのではないでしょうか。

ブランドの語源は
家畜を識別するために
捺した焼き印

そのマーク（焼き印）は、
やがて品質や他商品との
違いの証に

そのロゴ（マーク）の認知と
品質への信頼が世間に
拡がると…

ひとつのブランドが誕生！

ロゴ自体が大事なのではなく、ロゴが付いていることで保証される品質や他商品との違いを世間に知られることが大切。

ブランドは
人の頭の中で生まれるもの

ロゴを軸に売り手と
世間が商品の特徴を共有

「うちの商品には特徴や違いがあり他社のものとは差別化がなされている」と、売り手側が一方的に叫んでいるだけでは商品はブランドに昇格しません。その商品の特徴や違いを買い手側も認め、広くそれが認知されているかが問題です。そして、そのクオリティを世間が信頼しているかが大事なポイントです。**売り手と買い手、その双方が商品の特徴や違いといった情報の受発信がうまくいった時に、はじめて商品はブランドと呼ばれる域に達します。**もっといえばロゴだけを見たお客さまが「このロゴの付いたブタ肉すごくいいわよ！ アブラの甘味がとってもいいの」といった会話を、お友だちと交わすようになったら本物。ロゴマークをつくること＝ブランディングと解釈している企業が多いです。デザイナーの中にも、そういう方は少なくありません。違うんです。**ロゴが付いている意味や世界観が世間に知られて、はじめて商品はブランドに昇格するんです。**

ブランドとは売り手から
買い手への"約束"のこと

「このロゴが付いているブタ肉って…」と世間にロゴが持つ意味が知れ渡ることは売り手にとって喜ばしいことですが同時に怖いことでもあります。そのロゴの意味…、つまり商品の特徴や違いを期待してお客さまは購入したり、クチコミをしたり、人にプレゼントしたりするわけですから、売り手はクオリティを死守しないといけません。販路や生産キャパが小さい頃ならOKでも、たとえばこのブタ肉の評判が高まり、オーダーは増え続け、関わる人、間に入る人、遠くの販売店や支社が続々という状態を想像してください。どんなにビジネスが大きくなろうが、売り手はお客さまの期待する特徴や期待を維持しないと信用を失ってしまいます。いい換えるなら、**売り手は買い手であるお客さまに「約束」をしているのと同じこと。「ブランドとは約束のこと」。**これはビジネススクールなどで教えるブランドの定義ですが、こうして紐解くとグッと理解が深まります。

認知

｛ このロゴのブタ肉って、
もう食べた？
他のと全然ちがうよ！

クチコミ

｛ このブランドのブタ肉って
美味しいの。
ちょっと試してみて！

売り手側による
品質の維持

｛ お客さまが期待して
くれている…。
今後も応え続けないと！

ブランドとは約束のこと
（売り手側の買い手に対する）

深いところでいうと、ブランドってデザインによってつくられ
るものではなく、人の頭の中で生まれるものなんです。

ブランディングは
コミュニケーション活動

焼き印以外にも必要な
コミュニケーションの数々

さて、家畜の話から始まったブランディングの基礎知識。昔の話なので登場したのは家畜（ブタ肉）、焼き印（ロゴマーク）、世間の評判（クチコミ）と、実にシンプルでしたね。当時、売り手が世間に商品のことを伝える他の手段があったとすれば、これにプラスしてポスターや看板、新聞広告といった程度でしょう。でも、現代社会における売り手のコミュニケーション手段ははるかに複雑です。ＷＥＢサイト・メルマガ・ブログ・各種ＳＮＳ…。雑誌・冊子・機内誌・フリーペーパー…。テレビ・ラジオ・店頭ディスプレイ…。挙げていたらキリがないほど、売り手と買い手の間に接点は存在します。ザッと他にも考えられるものも含め、右頁にリストアップしておきます。これらの接点はいい換えれば企業が行う顧客とのコミュニケーションです。**このコミュニケーションを通じて、人は商品のことを知り、それをブランドとして認知します。**

商品の違いを伝える総合的な
コミュニケーション活動

つまり、見方を変えればブランディングとは企業が行う総合的なコミュニケーション活動。今回はブランディングといっても商品ブランディングに関する本ですから、より丁寧にいえば**「売り手が商品の特徴や違いを総合的に買い手に伝えるコミュニケーション活動」**ということになります。右頁のリストが、そのコミュニケーション活動の詳細です。これはＢ to ＢかＢ to Ｃの会社かによっても、また仕入れ商品なのか輸入商品なのかによっても必要・不必要なものが変わってくると思います。いずれにせよ、ここで押さえておきたいポイントは次の2つ。ひとつはブランディングの正体は上手なコミュニケーション活動なのだということ。そして、もうひとつ。既に述べたことであり、ひとつ目のポイントの延長線上にあることですが、**ブランディングとは決して一般的に思われているようなロゴづくりやデザインをよくするだけのことではない**ということです。

売り手による様々なコミュニケーション
（商品が世間に印象を与える接点）

販売の現場

- ☐ ディスプレイ
- ☐ 什器
- ☐ POP
  （含・POP立て）
- ☐ ポスターやリーフレット
- ☐ キャッチコピー
- ☐ 販売スタッフと接客
- ☐ ユニフォーム
- ☐ 取扱店や企業自体
  …他

ネット関連

- ☐ ホームページ
- ☐ SNS（SNSの種類）
- ☐ HP・SNSの写真や
  文章
- ☐ HP・SNSの
  更新頻度
- ☐ メールによる顧客応対
- ☐ アップや返信の
  時間帯
- ☐ ネット上の広告
- ☐ URLやメールアドレス
  …他

メディア関連

- ☐ 記事として登場した
  雑誌・新聞
- ☐ 取り上げてくれたTV・
  ラジオなど
- ☐ 広告を出した場所・媒体
- ☐ 推してくれている人
  （著名人）
- ☐ 商品ユーザーによるSNS
- ☐ ユーザーによる商品レビュー
- ☐ ネット上の広告や記事
- ☐ ブログやSNSのヘッダー
  …他

印刷物など

- ☐ パンフレット・
  リーフレット
- ☐ ポスターやチラシ
- ☐ 商品のパッケージ類
- ☐ 社用車のデザイン
- ☐ 店頭のPOPなど
- ☐ 名刺や手渡す封筒など
- ☐ 営業時の
  プレゼン資料
- ☐ 印刷物の紙質や
  色合い
  …他

人に関すること

- ☐ 電話応対
- ☐ メール応対
- ☐ スタッフの恰好・
  見た目
- ☐ スタッフの
  立ち振る舞い
- ☐ スタッフの言葉づかい
- ☐ 情報発信時の
  言葉選び
- ☐ 広告や印刷物のモデル
- ☐ 商品のユーザー自体
  …他

その他

- ☐ 社用車のデザイン
- ☐ 会社・工場の所在地
- ☐ HPなどでの社長のご挨拶
- ☐ 商品の基調色・色使い
- ☐ 商品のロゴやネーミング
- ☐ 商品のストーリー
- ☐ 各種協力会社
- ☐ ノベルティ類
  …他

売り手と買い手の接点を「コンタクト・ポイント」といいます。
本書のメインテーマは、このコンタクト・ポイントです。

商品ブランディングに欠かせないのは一貫性

絶対に質問される
マーケティングとの違い

マーケティングとは、どう違うの？ マーケティングの活動は、その全てが"外向き"。対お客さまや市場に向けて企業が行うもので、その目的はひとつでも多く商品が売れるようすること。一方、ブランディングも半分はマーケティングと変わりません。が、違うのはブランディングの世界には「インナー・ブランディング」「インターナル・ブランディング」といった言葉が存在すること。文字通り、その意味は「内向きに行うブランディング」です。つまり、**ブランディングのもう半分は社内や協力会社、販売に関わる人への教育といった内向きの行為が占めます。**「自分たちの価値は何か？」「自分たちは他とは、どう違うのか？」「そのために何をすべきか？」を絶えず関わるチームメンバー全員で共有するのがブランディングです。**マーケティングは100%対外的に行うもの。ブランディングは50%を対外的、もう50%は対内的にも行うものなのです。**

売る人・関わる人に必要な
ブランドを扱う"相応しさ"

「ブランディングは内向きにも行う行為」という話が出ましたが、たとえばダイエット商材をオーバーウェイト気味な人が販売していたら、お客さまへの説得力はどうでしょう？ 反対に美味しいコロッケをブランディングしようとしたら、その魅力を伝える販売員は線が細く、あまり普段から揚げ物を好まないような人よりも少しふくよかな感じのスタッフが営業をした方が相応しいと思いませんか？ これらは極端な例ですが、商品ブランディングの世界ではこのように売る人・関わる人の相応しさまで気を配ります。**そのスタッフの接客やトーク、ユニフォームにも徹底して、そのブランドの"らしさ"を反映させていきます。**その過程では「ルールが細かすぎる」「こんなユニフォーム着れない」と反発する人もいるかもしれません。でも、それがどうして大切か？ そこまでツメた先には何が待っているのか？ それを説くのが、まさにインナー・ブランディングです。

売る人も含め一貫した商品のイメージづくり

WEB・POP・チラシ・パンフに加え販売する人まで一貫したイメージでコミュニケーションするのがブランド

商品に相応しくない・らしくないコミュニケーションがひとつでもあると商品ブランディングは完成しない

BtoBでも同様。教材を学校相手に営業する人が挨拶すらできないと商品のイメージも悪。ブランドは完成しません。

ブランディング中の迷い？
ここに立ち返ること！

ブランディングを行う
そのメリットは？？？

さて、序章も終わり。いよいよ商品ブランディングの旅路が始まります。でも、たくさんの人が集まって行うプロジェクトですから壁にぶつかったり、モチベーションが下がったり、はじめてのことの連続から「そもそもブランディングって何のため？」という空気が今後は何度もチームに流れることでしょう。そのときに思い出して欲しい**あなたの会社が得られるメリットは右頁の通りです。商品ブランディングの旅路で迷った際はチームのメンバーと共有し**、その先に進むための糧にしてもらえたらと思います。会社によってはブランディングの作業を広告代理店に丸投げすることもできるでしょう。でも、それでは“商品ブランディング”があなたの会社のノウハウとして残りません。広告代理店と仕事を共にするとしても、**なるべく多くの役割や主導権を、あなたやあなたの会社が持って取り組んでいくことが、大事だと私は信じています。**

あなたと歩む
プロジェクトチームは？

商品ブランディングの仕事を、ひとりの人が最初から最後まで完結することは稀です。あなたが扱う商材にもよりますが、あなたがブランディングのために必要な社内外から集めるプロジェクトチームは、ざっくり右頁のようになります。プロジェクト開始前にメンバー全員を揃っていなくても、進行しながら仲間を集めることで構いません。これらの専門家たちは多くの会社にとって社外から集める外部スタッフになると思いますが、この他にもあなたを中心にした“社内のブランディングチーム”も組むといいでしょう。社内ブランディングチームの仕事は外部スタッフへの指示や社内の調整、社内にノウハウを残すためのアレコレといった感じです。会社の規模にもよりますが10名以下で、中に若手や女性が多く入っていると盛り上がります。**社内と社外、この2つのチームを合わせたものが、あなたのブランディングのプロジェクトを共にする仲間です。**

商品ブランディングで得るメリット

Merit
1 商品ブランディングを経験した後、会社自体のブランド化にもノウハウを応用できる

Merit
4 価格を下げずに価値を上げるという姿勢が社内に根づき、脱・安売りに一歩近づく

Merit
2 ブランド化された商品を軸に、または会社自体のブランド化で採用活動が強化できる

Merit
5 ブランド化に成功すれば営業がラクに。営業せずとも買って貰える状態をつくれる

Merit
3 ブランディングは若い世代や女性が活躍しやすい分野。社内の活性化につながる

Merit
6 ブランディングに長けた企業は日本の中小では少数派。成功すれば他に教えられる立場に

他

社内外のメンバーから成るブランディングチーム

- クリエイティブ・ディレクター
- グラフィックデザイナー
- ウェブデザイナー
- イラストレーター
- フォトグラファー
- 印刷屋さん
- コピーライター
- ライター
- 弁理士・弁護士
- 海外進出コンサルタント
- ブランド戦略コンサルタント
- ビジュアル・マーチャン・ダイジングの専門家 …他

あなたの商品の価値
最大限に上げていこう！

知られていなけりゃ
買って貰えない

「ブランディングのためのブランディング」にならないように注意しましょう。ブランディングはビジネス戦略のひとつ。それがあなたの会社の売上に貢献しないと、ただコストをかけて商品を格好よくするだけの費用対効果が悪い行為になってしまいます。**モノが売れない・お客さまが減少傾向という会社にはシンプルな共通点があります。それは「その商品のことが世に知られていない」という事実**。知らないものは、お客さまも買いようがない、だから、目立ちましょう！ 商品ブランディングは、その商品に市場での存在感を加味する行為。が、時折「ブランディングしたい。でも、目立ちたくない」という謎な姿勢の会社が見受けられます。営業しなくても売れるようにするのがブランディングですが、最初の営業的ひと漕ぎは大事。将来、自動的に商品が売れるようにするための土台づくりは欠かせません。その基本姿勢は臆せず目立つことです。

このプロジェクト
その始まりはコンセプト

では、最初のステップに進みましょう。心配せずとも商品ブランディングは、これさえしっかり押さえておけばOK。それは**"あなたの商品のコンセプト"**です。商品コンセプトさえ明確ならネーミングも決めやすいですし、デザイナーもロゴやパッケージの案を出しやすくなります。チームもアイデアを盛りやすくなります。ウェブサイトの雰囲気も一気に決まるし、販路のイメージも湧いてくるでしょう。**あなたのやりたいことがハッキリしているほど、あなたのチームは動きやすいです。**そう、商品コンセプトは、あなたのやりたいこととニアリーイコールです。右頁はいわゆる顔拭きシートですが競合商品よりもメントール感が強く、ドライバーの眠気が飛んでいくようにできています。故にパーキングエリアの売店などに主に置かれ、運転する人の間でファンが急増しています。こんな風に尖った人気商品を目指すなら明確な商品コンセプトをつくることが第一です。

尖っているからこそ、その商品はブランド

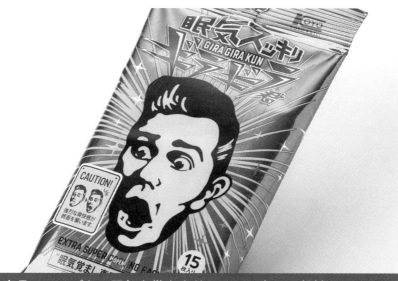

商品コンセプト＝眠気を覚ますドライバー向けの顔拭きシート

| 従来型に比べて圧倒的に強い清涼感 | カフェイン配合で眠気覚ましにフォーカス | 仕事で運転をたくさんする人たちに貢献 | 受験生など勉強にも役立てて貰いたい |

他

商品コンセプトとお客さま像が明確であれば

ネーミング・パッケージデザイン・販路も決まりやすい

ギラギラ君は発売以来大人気。今ではドリンクやタオル、キャンディなど同じブランド名とデザインで横展開中です。

第 1 章

商品コンセプトづくりという
ブランディングの準備

STRATEGY 01

商品コンセプトが常に源
これがないと始まらない

商品コンセプトを
まずはワンフレーズで

商品ブランディングの道は、まず商品のコンセプトづくりから始まります。先に最終的な、この第1章で欲しい成果物をお伝えします。それは「**ワンフレーズで表す、あなたの商品のコンセプト**」です。映画『スターウォーズ』も今でこそこれだけ続編が存在しますが、第1作を撮り始める前までのジョージ・ルーカスの苦労は大変なもの。撮影にこぎつけるまで誰もまともに企画を取り合ってくれなかったといいます。ある時、その当時のハリウッドの偉い人が「結局コンセプトは何なんだ。ひと言でいってくれ」と尋ねたのですが、その回答は明確でした。ジョージ・ルーカスは「これはスペース・サムライ・ムービーだ」と返し、そのワンフレーズが功を奏してスターウォーズはクランクインに至りました。1970年代から今も全世界の老若男女を魅了し続けるスターウォーズ・ブランド。数あるエピソードの始まりには、こんなエピソードがあったのです。

難しく考えず
ヒネらないワンフレーズで

「商品コンセプトをワンフレーズで」といっても、なかなかイメージしづらいと思います。ですので、まずは完成形のイメージとして、右頁に架空の商品のコンセプトをワンフレーズでリストにしてみました。中にはいたって普通のものもありますよね？**必ずしも奇をてらう必要はないので、あなたの商品そのものの表現を、まずはワンフレーズで伝えることを目指しましょう。**で、余裕があったらその後に少し言い回しをヒネるとか、ちょっとしたユニークさを加えてみるといいかもしれません。さあ、眉間にシワ寄せて考えるよりも、ここは楽しくいきましょう！カフェやバーでノリのいい雰囲気の中、ひとりで黙々と考えるより、**数名で話し合うといいでしょう。**そんな時に互いに否定は絶対なし。いいね、いいねと意見を尊重しあいながら会話をパンパンパーンとつないでいきましょう。

ワンフレーズで表すコンセプトの事例集

Concept 1

部長クラスの
通勤用
リュックサック

Concept 2

正しいキックが
身につく
サッカーボール

Concept 3

左利きシェフ専用の
おろし金

Concept 4

次世代が憧れる
クールな作業着

Concept 5

世界初！
指紋認証の
チャリの鍵

Concept 6

和食にも合う
トマトケチャップ

Concept 7

これまでなかった
オシャレな羊羹

Concept 8

"はじめて"に適した
シンプルな金庫

Concept 9

インバウンドに向けた
英語表記のお守り

Concept 10

女性専用
寝ながら保湿の
まくら

楽々カート

ショッピングリハビリ®

上記の楽々カートは鳥取生まれの大ヒット商品。そのコンセプトは「寄りかかりながら買い物ができる楽ちんカート」。

商品コンセプトの表現
できれば心掛けたいこと

いいワンフレーズは
「3回テスト」をクリアする

心に残るというか、頭に刺さるというか、社内外に伝播しやすいワンフレーズには、こんな特徴があります。まずひとつは、それを3回早口ことばでいえること。なので、**あなたの商品のワンフレーズのコンセプトを最終決定する前に、ぜひとも口ずさんでください、3回！** いえなかったら長すぎます。削ぎ落しの工夫をしましょう。もしも無理なくいえたら、次は3回ラップ調で唄ってみてください。スムーズにいえたらリズム感もばっちり。もしもダメなら、ここは微調整です。"てにをは"や言い回しを再度ブラッシュアップです。私の長年のブランド戦略のコンサル経験から、**人から愛され、広がっていき、チームも固まるワンフレーズは、この"2つの3回"を満たすもの**だったりします。ですので、マストではないですが、なるべくあなたの商品コンセプトを表すワンフレーズも、このテストをクリアして完成という方が望ましいです。

クールなワンフレーズは
相反する言葉のミックス

もうひとつマストではないけれど、あるといいワンフレーズの考え方を。右頁に幾つかリストしたワンフレーズは前頁に載せた事例よりも上級編です。一見どこも違いはないようですが、これらは**"相反する言葉の組合せ"**でできてます。**相反する言葉が、ひとつの短い文言に収まっていると、それを見聞きした人は、いい意味で「んっ？」となります。**その後、頭の中で一瞬考えるので記憶に残るし、何より言葉がオシャレになります。たとえば『シルバー層のためのロボット型掃除機』という商品コンセプトも悪くはないですが、まあ普通…。これを相反する言葉のミックスを意識した形に換えると、ひとつの案として『和室に似合うロボット型掃除機』なんて表現ができます。和室とロボットは相反するもの。でも、その同居を想像するとワクワクします。ワクワクするワンフレーズを軸に仕事を進めた方が、関わる皆もキビキビ動いてくれると私は考えています。

いい商品コンセプトに通じるポイント

決まったワンフレーズを
3回早口ことばで
いってみる

↓

クリアできたら次に…

↓

今度はラップ調に3回。
唄えたら問題なし！

唄えなかったら
リズムが悪い!?
ワンフレーズの
微調整を！

相反する言葉の組合せで成るフレーズ例

逃げられる
パジャマ

隠さなくていい
薬箱

ロックンロールな
ペット用品

老舗が仕掛ける
お煎餅の進化形

コンセプトだけでも「いいね！」となること

コンセプトの中に欲しい "これまでなかった感"

あなたの商品のコンセプトを社内や協力会社といった関係者に伝えたとき、相手から「これまでになかったね、それ！」という反応があると、この先もブランディングが楽しみです。「この時代に商品なんて出尽くした」という声も聞こえてきそうですが、序章の最後でお見せした顔拭きシートのように、**既存商品の角度を少しだけ変えるくらいで意外と簡単に今までなかった商品コンセプトは生まれる**ものです。たとえば、子ども用の食器なんて無数にあります。オシャレな子ども用の食器も多いです。でも、エコな素材で食育重視、それでいてオシャレな子ども用の食器なら、これまでなかったコンセプトの商品になるかもしれません。実際そんな発想から興したのが〈iiwan〉という商品です。実物の写真は、また141頁でお見せしますが、それまで愛知でクルマのパーツの金型を主に製造していた〈豊栄〉が脱・下請けを目指しつくった自社ブランドです。

ターゲット層を絞ってこれまでなかった商品を？

「これまでなかったね」といわれるような**商品コンセプトを生み出すヒントを続けます。今度は「ターゲット層を絞ってみる」です。**たとえば、消火器。買ってもらいたい層を商品コンセプトの一文に盛り込むと、こんなワンフレーズになります。「ひとり暮らしの女性が置きたい唯一の消火器」「離れて暮らす親に子どもが贈りたい消火器」。もしも、あなたがブランディングしている商品のコンセプトを、こんな風につくることで「これまでなかったね！」となるなら、ひとつ試してみてください。ターゲット層は人物のみならず「オフィスでもインテリアになる消火器」や「富裕層向けの消火器」など場所や世帯収入などで考えるのもOKですし、「インバウンド客にも分かりやすい消火器」というのもあり。もしも、あなたが商品コンセプトづくりで行き詰ったら、もしくはもっとワンフレーズを研ぎ澄ませたいなら、こんな考え方も取り入れてみてください。

商品のコンセプトを絞り込むほど
燃え上がる

よく見かける 従来型の消火器	ひとり暮らしの女性向け 消火器
競合いっぱい = 価格競争	競合がいない = 知名度も価格も上げやすい

売り手である以上 困りごとの解消を

コンセプトが浮かばない？ 再度困りごとの洗い出しを

商品コンセプトづくりの段階で苦戦しているのなら、**あなたの商品の周辺にある"お客さまの困りごと"を徹底的に洗い出しましょう。**あなたがブランディング中の商品（ヨガマットだとします）は、ヨガ人口の増加と共にカラーも豊富になりました。価格帯も上から下までヨリドリみどり。お客さまのヨガマットに対する困りごとなんてないように思えます。が、たとえば自宅→職場→ヨガスタジオと持ち運びも多いアイテムだけに「もっと軽くて可愛いものが欲しい」という声があります。またヨガマットを自宅で敷きっぱなし派からも「ネコが爪でガリガリやるのは仕方ない。でも、破片をクチにするのが心配。誤飲しても害がない素材のマットがあれば…」といった話を聞きます。**こんな声を拾って商品開発を進めれば、おのずと"これまでなかった商品コンセプト"に辿り着くはず。**お客さまの不平・不満・不安は一杯あります。

すべての商売は 困りごとの解消であるべき

今回あなたがブランディングを行う対象がゼロから開発する商品なのか、既にある商品のテコ入れなのか、仕入れや輸入商材なのかは分かりません。でも、ビジネスの基本の「き」。**全ての商売は、お客さまや社会の困りごとの解消のために行うべきもの**であり、その困りごとの解消の対価が売上です。せっかくコストをかけて商品ブランディングをしても市場に需要がなければ拡販に苦労必至…。その上でも今一度"困りごとの解消"の再考です。あなたの商品は、お客さまや社会の困りごとを解消しますか？…なんていうと、家事に関するアイデア商品や、海水を飲料水に変えるような大きな話を想像しがちですが、**もっとシンプルな困りごとの解消で結構です。**もっとオシャレなのがいい、親子で使いたい、女性でも買いやすいようにして欲しい、インテリアに溶け込むものだといい…。この程度のお客さまの困りごとの解消で構わないのです。

既存の商品にも困りごとや不満は必ずある

Not Cool

もっとデザイン
よくならないの?

吸引力が
落ちてくるんだよね…

dyson

デザイン性に優れ
吸引力が衰えない掃除機の登場

第 2 章

ペルソナづくりという
ブランディングの準備

For Better Branding

コンセプトづくりと共に
お客さまを知り尽くす

ペルソナをつくると
ブランドもつくりやすくなる

ここからはもうひとつ、よりよい商品ブランディングを行うための準備的な章を見ていきましょう。後にブランディングの土台的な役割を果たす"ペルソナづくり"です。**ペルソナとは、あなたがブランディングしようとしている商品を買うだろう"お客さま像"のこと。**たったひとりの想定する架空のお客さま像を、右頁のように箇条書きと写真で最後はポスターの形に仕上げるのが、この章のゴールです。よく耳にするターゲット層は『この商品の顧客は20代後半の女性』とザックリです。ターゲット層より詳細な顧客像の概念でセグメントというものもあります。「顧客属性」と和訳されますが、それでも『この商品の顧客は20代後半、子どもひとりで共働きの女性』と、まだまだザックリ。対してペルソナは事例でも明確、かなりマニアック。でも、これがあると今後のブランディングのプロジェクトがグンと楽になります。

これらの質問に答えると
アッという間にペルソナが

どうかペルソナづくりに臆しないでください。あなたがペルソナに想定する"たったひとりのお客さま"に関する以下の質問に想像で答えていけば簡単に右頁の箇条書きのポスターはできあがります。**そのお客さまは、どこに住んでいますか？ それは一軒家ですか？ 賃貸ですか？ 誰と住んでいますか？ ペットは？ 仕事は？ どんな風に通勤して、年収はどれくらい？ どんな車に乗っていて、休日は何をしていますか？ 最近ハマっていることは？ スマホをどう使い、情報収集は主にどうしていますか？ あなたの商品を、どこでどう知り、どう買おうとしていますか？** ザッと、こんな感じです。あなたが既に販売中の商品のブランディングをしようとしているなら、今実在するお客さまでペルソナに想定したい方を元にペルソナづくりをするのも手。最終的には文言を整えながら箇条書き。そしてポスター化。ペルソナに合う顔写真と架空の名前も忘れずに！

CHARITEENS by 第一学院高等学校 が想定する、たったひとりの
お客さま像(ペルソナ)

さがわちか
佐川千果(33)

- ●情報誌の編集者として働くキャリア系
- ●年収550万で勤務地は飯田橋界隈
- ●オーガニックやシンプルライフに関心
- ●その類のマルシェでグッズをつい買う
- ●お酒と肉食も捨てられず狭間でもがく
- ●ひとりでコンビニ食という日も結構多い
- ●故に黒烏龍など帳消し系商品の中毒
- ●野菜ならトマト。外食ならイタリアン好き

- ●元々スタイルもいいのでファッションも決まる
- ●ドメブランドを上手に着こなし季節の色を重視
- ●パンツ姿で歩く姿は、まさにザ・キャリア系
- ●国内旅行で縁結び系やパワスポ訪問へ(山陰)
- ●2年に1回くらい台湾や韓国にも遊びにいく

- ●情報源は仕事柄雑誌。全てに目を通す
- ●その他はインスタ。SNSで自身の発信はしない

- ●代々木の賃貸に住みインテリアは北欧系
- ●クルマには興味なく移動は電車+タクシー
- ●洒落系チャリ購入⇒現在インテリア兼物干し
- ●運動を避けラクして美と健康を目指すタイプ

- ●山梨出身で大学から東京(明治大学)
- ●東京での行動範囲は学生時から新宿が中心
- ●青山や麻布には、いまだにアウェイ感あり
- ●可愛い姪っ子が発端で最近教育にも関心
- ●結婚願望も小さくなくないけど焦ってもいない

これは高校生がブランディングの授業でつくったペルソナ。どんな人に向けてが明確になればブランディングはラクに。

ペルソナの活用で
ぶれないブランディング

ブランディング上手は
ペルソナを使いこなす

ブランドと呼ばれるような商品は研ぎ澄まされています。その源はペルソナ。このペルソナのポスターを使いこなし**徹底的に"想定するひとりのお客さま"を喜ばす姿勢でブランディングを進める**ので商品が研ぎ澄まされていくのです。「20代女性に向けて…」という大雑把なブランディングでは、結果として商品もボヤっとしてしまうものです。では、ペルソナの活用はどうすればいいのか？ まずは会議室に貼ってください。で、何を話し合い、何を決める時にも、そのペルソナが喜ぶかどうかで決めてください。今後デザイナーや印刷関係者といった協力会社と社外で打ち合わせをする時にも**Ａ４版のペルソナも用意し、それを見ながら当事者全員が必ず同じ方向を向くよう**リーダーシップをとってください。こうしてペルソナを軸に決めるネーミングやパッケージ、広告やＳＮＳの発信は、それなしで進めるよりもはるかに研ぎ澄まされたものになっていきます。

商品を売りたいターゲット層
複数の場合はどうする？

「"たったひとりのお客さま"というけど、うちの商品は複数の異なる顧客層をターゲットにしてるんだけどな…」。ペルソナづくりの話をこう思いながら読まれていた方も多いと思います。もしも、あなたが複数の異なる顧客層をターゲットとしているなら、その各顧客層で定める"たったひとりのお客さま"、すなわち"ペルソナ"のポスターづくりをしてみてください。**１ペルソナ、１ポスターが望ましいです。が、やはりその中でもメインとするペルソナはひとつに絞ってブランディングを進める方が、あなたの商品はより尖ったものに仕上がる**はずです。誰に、どんな時に買ってほしいのか。どんなエリアの、どんなお店に置いてほしいのか。これらをボヤっと曖昧にさせないことが商品ブランディングのひとつのゴール。そして、ボヤっとさせないために存在するのがペルソナ。だから、あなたのペルソナが複数存在しても、それらを並列にすると本末転倒に…。

研ぎ澄まされたブランドはペルソナを重視している

ペルソナが喜ぶかどうか
でモノゴトを決めていくと、
いいブランド商品に…

ペルソナを定めないと社長
や上司の好みで決まる。
それではブランドになら
ない！

ブランドと呼ばれる商品はブレていないです。商品コンセプト
やペルソナが固まると、おのずとブレにくくなります。

ひとつ上のペルソナづくりと B to B の場合の心掛け

B to B の商売をしている？ ならこんなペルソナづくりを

卸や B to B の商売をしているなら営業先の企業・お店のバイヤーを対象とした ペルソナと、その先に存在するエンドユーザーのペルソナとの両方をポスター 化するといいでしょう。右頁は建築資材の輸入・卸を事業とする〈マテリアルワ ールド〉が起業当初に作成したものです。〈マテリアルワールド〉にとって直接の お客さまはマンションデベロッパーの資材調達部門。そこで触れ合うのは女性 バイヤーで、多くはオシャレでファッション業界にいるような方です。そこでそ のような方をペルソナに定めてポスター化し、自社の会議室に貼って商談時に ウケるカタログづくりや営業に出向く社員の服装の改善を徹底的に行いました。 またバイヤーとの打合せ時に同じ方向を向いて仕事ができるようにエンドユー ザー、つまり開発中のマンションがターゲットとするペルソナもつくって持参。 結果は大成功。スタイルあるブランドとして今業界で認知されています。

たったひとりのお客さま その持ち物も徹底的に想像

この章の最後に「あなたのペルソナの持ち物を挙げましょう」という提案を。ペ ルソナのポスターとは別にポスター化するとベターです。大きな紙に雑誌の切 り抜きやネット検索した写真を出力し、雑でいいので貼るという大雑把なスク ラップブックで構いません。ここで得たいものは何か？ たとえば、あなたがお 菓子やドリンクのブランディングを行っているとします。お客さまは商品を購 入後、それを自分のカバンに入れる可能性は大です。そんな場面があるにもかか わらず売り手である我々がお客さまの“普段のバッグ”を知らないのはマズイで す。そのお客さまのセンスを知らずにパッケージを考えるのはナンセンス。**ブラ ンディングの世界では“ペルソナの持ち物のスクラップブック”を眺めながら「お 客さまのバッグに合うパッケージデザインは…」というレベルの会議を重ねま す。**ブランディングの神は細部に宿ります。そのために必要な作業です。

のペルソナ

すみよし
住吉さゆり (35)

- ●住宅メーカー／建設デザイン事務所に勤めるチーフクラス
- ●セレクトショップの店員さんのような見た目で雑貨好き
- ●カフェでの時間が好きで出没エリアは代官山・青山・横浜
- ●仕事が中心の生活で毎日遅くまで残業。コンビニ食多し
- ●買い物はネットでが半数超え。カラオケも行かなくなった
- ●クルマに興味はないけど買うならミニかフィアットか…
- ●インテリアや家が趣味の中心。最近はワイン教室に通う
- ●年収600万円で生活に不満なし。不動産投資を検討中
- ●オシャレと美しいモノが好きなので小汚いおじさんが苦手
- ●ネコと暮らしていて…

ペルソナの深掘りはアイデアの源

ペルソナの持ち物や行動まで知ることで
生まれる商品

51

第 3 章

新カテゴリづくりという
ブランディングの準備

成功するブランディング
カギは新カテゴリにあり

あなたの商品を
新カテゴリと呼べるものに

カメラの三脚といえば黒が相場。あなたが今後「カラフルな三脚」を出したら第1章の商品コンセプトの話題で散々出てきた「今までなかったね！」という反応を市場から得られるかも。冒頭にあった事例のサバ缶は今までなかったオシャレなサバ缶だし、〈ギラギラ君〉も顔拭きシート界の新ジャンル。「新ジャンル」と同義ですが今までなかったものをブランディングの世界では「新カテゴリ商品」といいます。そして、**商品ブランディングではどんなに小さなことでもいいので、あなたの商品が「新カテゴリを築いた」といえることが大事です**。あなたの商品が何かしらの新カテゴリを築いたら、マネっ子登場までの間は、その小さな世界のナンバーワンでありオンリーワンの商品です。日本で一番高い山は富士山ですが次に高い山をいえる人はそういません。ブランドを築くには小さくてもその世界の1位になることが市場でのポジション獲りのために大切です。

3匹目のドジョウで上々
新カテゴリに滑り込み！

「新カテゴリを築くなんて無理」「商品ブランディングって、そんなに難しく考えないとダメ？」。こう思われる方のために奥の手を。それは「新カテゴリを築いた商品のマネっ子になること」。今しがた富士山をたとえに「そのカテゴリの1位の名前しか人は記憶してない」と述べましたが、**実際の商売では3位くらいまでなら問題なし**。「今日の夜はピザでもとろう」となったら人は瞬時に3つのブランドを頭に思い浮かべるといいます。この場合は〈ピザーラ〉〈ピザハット〉〈ドミノピザ〉という具合に。で、この3つのどれかを選び注文をします。つまり、**各商品カテゴリのトップ3の知名度に、あなたの商品が入るなら、商売上はOK**ということです。これは全国規模ではなく、地域におけるトップ3という見方もできるので、あなたの商品や商圏にもよるところが大きく、何をもって3匹目のドジョウ以内になるかは捉え方次第です。

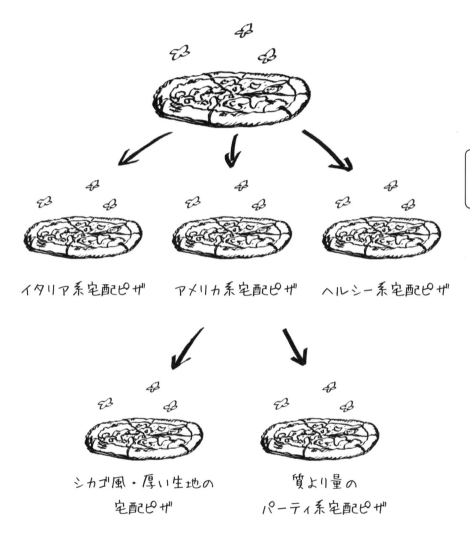

イタリア系宅配ピザ　　　アメリカ系宅配ピザ　　　ヘルシー系宅配ピザ

シカゴ風・厚い生地の
宅配ピザ

質より量の
パーティ系宅配ピザ

どんな商品も角度を少し変えれば新カテゴリに。そこで成功すれば新カテゴリでナンバーワン。立派なブランドに！

STRATEGY 02 チームや協力会社に見せたい ポジショニングマップ

営業や社内プレゼンでは ポジショニングマップを

3匹目のドジョウ以降では何故ダメなのか？ それは分布図で見れば理解しやすいです。右頁は「ポジショニング・マップ」と呼ばれるものです。**プロジェクトの過程で社内や社外に商品の説明をする際にプロの仕事っぽく見えるのでオススメしたい図解です。**縦軸・横軸の端に両極端な文字を載せ、その上に競合商品を点で分布させます。マップ上、同じ位置に被っている商品が多いほど競合が多い証拠。埋もれたり、価格競争を強いられます。あなたの商品がマップ上4匹目のドジョウなら、わざわざ激戦地に新米兵士として行くようなもの。上手に商品ブランディングを進めるなら戦いを避けます。経営的にいうならば血みどろの「レッドオーシャン」ではない青い海、他に競合がいないか少ないかのエリア、いわゆる「ブルーオーシャン」を見つけるべきです。これと新カテゴリづくりの構築という話は同じ。**本質はどちらも「戦わない商品を」ということです。**

ブランドの確立 ＝ポジショニングの確立

ブランディングの世界では、よく「そこに旗を立てる」という言葉が出てきます。「商品として、このポジションを獲る」というフレーズも聞きます。何故そんな表現をするのかはポジショニング・マップという概念を知ると一目瞭然ですね。と同時に、これらの言葉は商品ブランディングがデザインや梱包の美しさといった見た目のことのみならず、商品に関する経営的かつ戦略的な発想も欠かせないという事実を物語っています。そう、**商品ブランディングとはデザインのことだけではなく、商品として市場でポジションを獲るということなんです。**なので、どうか商品の説明を社内外にする時には「うちの商品は、ここのポジションを獲りたいと思います」や「弊社の商品は、ここに旗を立てることを決めました」とマップを示しながらパワフルなプレゼンを。それが強烈なほどブランディングはよい方向に進みます。

オーガニックなタオルブランドのポジショニング

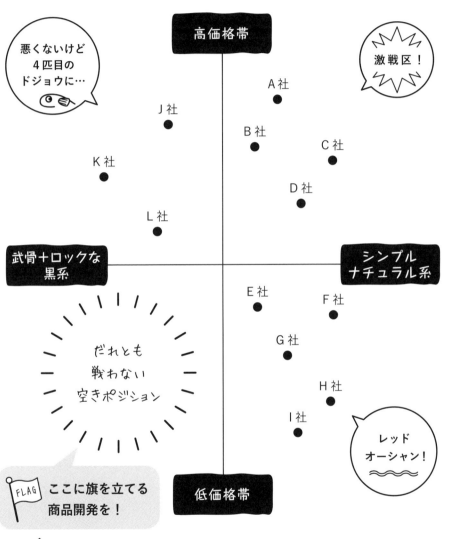

悪くないけど
4匹目の
ドジョウに…

高価格帯

激戦区！

A社

J社

B社

C社

K社

D社

L社

武骨＋ロックな
黒系

シンプル
ナチュラル系

だれとも
戦わない
空きポジション

E社

F社

G社

H社

I社

レッド
オーシャン！

FLAG ここに旗を立てる
商品開発を！

低価格帯

ポジショニング・マップは社内外に商品のブランド戦略を説明
をする際に有効なツール。機会があれば試してみましょう。

STRATEGY 03 | 準備が揃ったら とことんデザインで表現を

いきなりデザインから入ると ブランディングは失敗する

正直なところ、この本をよりエンタメ性が高くグッと読者を最初から惹きつけるものにするなら、商品パッケージのデザインや、ユニークな広告といった華のある話から入った方がはるかによかったと思います。でも、ブランド戦略は繰り返しになりますがデザインのことだけではありません。もっといえば**順番としてデザインから入ること自体間違いです**。まずは商品のコンセプトを決め、それをワンフレーズに落とし込む。それを買っていただく対象をザックリではなくペルソナという形にし、それをポスター化してチームと共有する。新カテゴリと呼ばれるものになるように再度商品のコンセプトの優位性をポジショニングマップで確認し、競合関係や競合の数を知る。**これらを行ってからはじめてデザインやネーミングなどの、いわゆる一般的に知られる"見た目のブランディング"に着手する方がビジネスとしては格段にスマートだと思います。**

土台がグラグラの家の 壁をきれいに塗っても無駄

デザインだけを整えるブランディングは、家づくりでいうとグラグラな土台の家の屋根を塗ったり、カベを張り替えたりという行為に近いです。どんなにキレイに整えたところで家はグラグラ…、いずれは崩れるかもしれません。ここまでやってきた「ワンフレーズの商品コンセプト」「ペルソナ、たったひとりのお客さま」「新カテゴリと呼べるものにする」といった発想は、あなたの商品ブランディングの土台の部分にあたります。**これらが強固なものになっていれば、この先のカベ塗りも、屋根の張り替えも問題なし。**強い土台のおかげで、それらの輝きもより美しいものになると思います。ここまで第1章〜第3章は「よりよい商品ブランディングのために準備すべきもの」というくくりで説明してきましたが大変お疲れさまでした。ここから先は、より楽しい表現活動としてのブランディングになります。ひと休みして、また一緒に進めていきましょう！

デザインに着手する前に"商品の土台"を固める

商品コンセプトやペルソナ（想定するたったひとりのお客さま像）などが定まっていないままデザインに走るのは、土台がしっかりしていない家の屋根を張り替えたり、壁を塗り替えるのと同じ行為。見た目をよくしても、結局はグラグラな家のまま。

商品開発の土台となるコンセプトやペルソナをしっかりと固めてからデザインを考える方がスマート。「そのコンセプトの表現のためのデザインは…」「そのペルソナが喜ぶデザインとは…」と常に逆算でデザインのアイデアを練るのがブランディング。

第 **4** 章

ブランディングとしての
ネーミング＆キャッチコピー

ゼロからブランディング？ ネーミングに命をかけろ！

ネーミングのために
会社ができること

商品のネーミングの決め方は色々です。たとえば、社内公募。限られたメンバーで決めるのではなく、この時点から社内の全社員を巻き込みます。商品によっては女性社員だけから・U−28の社員だけからと絞った社内公募もいいかも。社外から公募するならヒネリを加えてネットで噂や地元でニュースになるように考えていきたいですね。たとえば「お母さまとお子さまのセットでネーミングを考えて」という公募はママ友の間で話題になるでしょう。70周年を記念した商品なら70歳以上の方から募集するというのもニュースになる可能性が。専門家への依頼なら相手はコピーライターやブランド戦略のコンサルタント。文章のプロである作家やライターに頼むのも面白い。〈ランサーズ〉のようなクラウドソーシングのサイトを利用してのコンペもありで、全国に散らばるたくさんの専門家がネーミング案をネット上に数週間で挙げてくれます。

商品名を変えられないなら
ジェネリックネームを狙う⁉

輸入商品・仕入れ商品をブランディング中の方は勝手にネーミングを変えることはできないかも…。が、**この章ではネーミング以外にもキャッチコピーやタグラインなどネーミング周辺のことも語るので、そこを参考に。**また余談ですがブランディングの知識として、ここで披露したいのが「ジェネリック・ネーム」という言葉。元々は一企業が付けた商品名なのに支持の高さや知名度から、その商品カテゴリ全体を示す名前にまで昇格した類のネーミングのことです。たとえば〈バンドエイド〉は本来ジョンソン＆ジョンソン社がつくる絆創膏の商品名。でも、今では絆創膏全てを表すジェネリック・ネーム。手を切った時に人は自然と「バンドエイドある？」といいます。御社の商品名をジェネリック・ネームにする勢いでいきましょう！〈ウォークマン〉も同じ類。一昔前までヘッドホンステレオは全て「ウォークマン」と呼ばれていました。

商品のネーミングを決める数々の方法

- □ 社内公募（何歳以下／以上、部署や性別などの制限付きもあり）

- □ 社外公募（ニュースや話題を提供するつくりでユニークさを加味）

- □ 地域の子どもたちからの公募（教育にもなり話題にもなります）

- □ ある程度ネーミング候補を絞ってからの社内・社外による投票

- □ クラウドソーシング系のサイトを通じてネット上でコンペを行う

- □ ライター・コピーライター・作家などの文章のプロに依頼する

- □ ブランディング専門のコンサルタントやクリエイターに任せる…他

クラウドソーシング系のサイトならクラウドワークスやランサーズ。QRコードからサイトを覗いてみてください。▶

クラウドワークス

ランサーズ

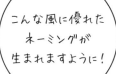
こんな風に優れたネーミングが生まれますように！

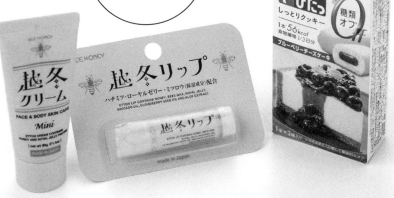

63

名は体を表す
コンセプトを商品名に反映

今こそ会社として
ネーミングにポリシーを

第2章でも登場した建築資材の輸入＆卸業の〈マテリアルワールド〉は、それまで品番で呼ばれていた取扱い商品全てに一貫したポリシーを持って、ある日を境に商品名を付けました。世界中から楽しい建築資材を集めることが使命の会社。そこで取扱い商品に、すべて世界中の都市の名前を織り込んだのです。その商品のイメージに近い土地の名前です。右頁はマテリアルワールドが扱う、そんな商品の一覧です。こうして会社として**一貫したルールを持って商品のネーミングを付けると、新商品を扱う際も名付けがラク。お客さまも楽しみにしてくれ**ますし、またウェブやパンフでズラっと並んだ時にも見栄えよく、ブランディングされている印象になります。福岡の農機具メーカー・筑水キャニコムも楽しいネーミングで有名。〈三輪駆動静香〉や〈草刈り機MASAO〉など、自分たちが楽しんでいるのが見受けられ、それがまた会社のファンを生んでいます。

いいネーミングは
商品コンセプトの表現

情報溢れる今の時代に、お客さまはなかなか企業の発信を受け取ってくれません。だから、ネーミングでオススメしたいのは「名は体を表す」といえるもの。身近な例でいえば小林製薬の商品です。〈熱さまシート〉や〈なめらかかと〉などネーミングが一貫して体を表しています。**いいネーミングの商品にキャッチコピーは不要です。さすがにそれは無理**だとしても、この時代において商品の説明や特性を文字でダラダラと伝えても、読んで貰えません。**文字を最小限にするためには「名が商品コンセプトを表している」**のが理想です。前頁に載せた働く女性が空腹時に口にすれば職場でオナカが鳴るという辱めを回避できる食品〈ぐーぴたっ〉なんて最高。〈地球の歩き方〉もいいですね。2つともロングセラー＆ブランドであり続けているの要因のひとつはネーミングの力にあります。見た人が「仕事楽しんでるねー」と思えるようなネーミングを！

マテリアルワールドのネーミング例

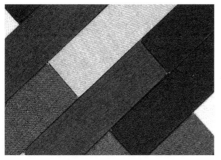

インディゴユナイテッド 1969

カリフォルニアベーシック 75

テキサスロックンウォール

トスカーナウェイ

マラケシュラビリンス

モノクロームハリウッド

東急ハンズやスーパーマーケットをグルっと1周「いいネーミングを探す」という観点でまわると、きっとヒントが。

コンセプトの表現が難なら
イメージ系でOK！

商品の使用感や
イメージにあった音を名前に

既に何度か登場している〈ギラギラ君〉（33頁）。似た名前を聞いたことがあると
したら、それは〈ガリガリ君〉でしょう。赤城乳業のガリガリ君は国民食ともいえ
るほどのブランド。そのネーミングは、まさに食感そのもの。あの絶妙なガリガ
リ具合にピッタリです。次に提案したいのは、**この音を重視した類のネーミング**
です。音は商品の使用感に限りません。同じ冷凍ケースの中から事例を挙げるな
ら〈ハーゲンダッツ〉。その気品や欧州の王族的オーラはアイスの世界でも際立っ
ています。が、その名前に意味は何にもありません（笑）。ドイツやスイス辺り
の酪農が盛んな場所の名でもなければ創業者のラストネームでもありません。
それらしいけど…。いわば、これも**音にこだわったネーミングであり、何か特別**
だと思わせるためのブランディング。商品に使用感の音やサウンド的にすごい
と思わせるネーミング。あなたの商品でも試してみてください。

商品イメージにぴったりな
場所をネーミングに使う

土地の名前を聞いた時に人の頭の中には既に刷り込まれた、その場所のイメー
ジがあるものです。たとえば北海道には牧歌的なイメージ。乳牛＋サイロの風景
が目に浮かびます。故に北海道チーズや北海道クリームなど乳製品の名前に
「HOKKAIDO」を加えるとプレミアム感が増します。たとえ本社や製造拠点が
神戸になくても、ベーカリーが店舗名のどこかに「神戸」と入れたら美味しそう
に感じるし、お店の価値も高まります。三菱電機のエアコンである〈霧ヶ峰〉も長
野県の霧ヶ峰で製造されているわけではありません。が、ネーミングのおかげで
流れてくる空気はキレイな感じがします。マンハッタン○○と名付ければ商品
をクールに演出できます。ブルックリン○○とすれば、その商品はレトロ恰好い
いイメージに。商品によっては偽装になる恐れもあるので要注意ですが、**土地が**
持つイメージを使ったネーミング。一考の価値ありです。

音や土地が持つイメージを利用したネーミング

OREGONIA

U.S DESIGN
RENOVATION

THE REPURPOSED PORTLAND.OR STYLE ®

オレゴン州ポートランドにあるような
建築デザインを得意とした
マンションブランド

インパクトと印象
ちょっとの違いで大違い

長めだけど
ひっかかるネーミング

短い方がいいとされてきたネーミングですが、**逆の発想で「長めだけど頭にひっかかるネーミング」も検討を**。今取り組んでいるのはブランド戦略。戦略と付いている以上、他とは違うことをするのがスマート。他商品と同じ考えでやっていては戦略とはいえませんからね。たとえば、自信あるカレーパンをブランディングするなら〈夢に出てくるカレーパン〉とか〈店長が命をかけてつくったカレーパン〉なんていう長い名前を付けてみる。お店で見た人は、きっと気になるはずです。覚えてはもらえないかもだけど…。実際、右頁の〈ナトリのおつまみシリーズ〉を店頭で見て、思わず買ってしまった方は多いと思います。〈ヒロシ君が考えたはみがき粉〉も誰だよと思いつつ買う人は多いし〈100時間かけたシチュー〉も素敵。〈たまには違う柿の種・虜〉も実際この本の執筆中にコンビニで衝動買いしたものです。あなたの商品が合いそうならぜひ！

ひらがな・カタカナ
英語・漢字のバランス

言葉としてのネーミングが決定しても、その先には日本語ならではの"表記"の悩みが。漢字、ひらがな、カタカナ、そのミックス。英語ならば大文字、小文字、そのミックス。加えて日本語と英語もミックス可能なので悩みは深まります。その表記次第で商品の印象が変わってしまいます。右頁に幼児用食器〈iiwan〉の例を挙げます。「イイワン」と言葉的にネーミングが決まっても表記にはこんなに選択肢が。表記の決定には読みやすさも、もちろん大事。でも、想定している"たったひとりのお客さま（ペルソナ）"ならば、どれを好み、どれに買う喜びを感じられるかを考えましょう。結果、それが〈iiwan〉だったのですが、**決定したら常に印刷物などではその表記。表記が都度異なるようだと商品のイメージが世間で定まりません**。ただ、時折異なる表記をＳＥＯ対策としてネット上に散りばめたり、読み方を知らないお客さまへのサポートとするのは賛成です。

長めだけど気になる優れたネーミング

ネーミング決定後に決めたい正式な表記

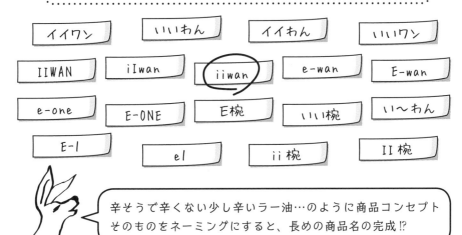

辛そうで辛くない少し辛いラー油…のように商品コンセプトそのものをネーミングにすると、長めの商品名の完成⁉

第4章 ブランディングとしてのネーミング＆キャッチコピー

情報あふれる時代だから「記憶する」を省いてあげる

中小企業の基本はコーヒー牛乳の法則

「コーヒー牛乳」と人が聞けば、それがコーヒーと牛乳が混ざった飲み物だと容易に想像できます。情報のシャワーを誰もが毎日浴びる今の世で、中小企業が全く新しい造語のネーミングをお客さまに覚えてもらうのは困難。中小企業は大資本に比べて広告費やメディア露出する機会が少ないですからね。そこで提案したいネーミングは「コーヒー牛乳」の法則です。**既に知られている単語や日常的に使われている単語を２つ組み合わせ、商品のネーミングをするというシンプルなメソッドです。**分かりやすい例でいえば"カップ"に入った"ヌードル"である〈カップヌードル〉。もうひとつ挙げるなら詰まった"パイプ"を"スルー"するから〈パイプスルー〉。前出（47頁）のトマトジュースは岡山の高校生がプロデュースしましたが、その利益は全部新興国の教育に関することに寄付されます。ティーンたちが考えたチャリティの仕組みなので〈チャリティーンズ〉です。

分かりにくい・読みにくいものど元過ぎれば最強に

お店で珍しい日本酒が呑みたいと思っても注文するのは結局「読める銘柄」に。テーブルを囲む仲間の前で知らぬ日本酒の読み方を間違うのは恥ずかしいから…。でも、その銘柄の読み方を何かの機会で知ったら状況は一変。声の音量も上げ気味に『どうだ！』といわんばかりに、その銘柄をオーダーしたくなります。上級テクニックになりますが、**わざと読みにくい商品名を付ける。**でも、**一度知ったら誰かに思わず伝えたくなるので、そのクチコミを狙う**…というネーミングもあります。そんなネーミングは数字や記号を含めた暗号的なものが多いです。たとえば帽子のセレクトショップであり、オリジナル商品もいっぱいの〈CA4LA〉。頭にかぶるものを売っているから「カシラ」です。実際、世界で日々生まれているネット系のサービスやアプリなどは最近その類が多く、英語なはずなのに英語圏の人も「読めない…」なんて首を傾げています。

品番で呼ばれることが多いBtoB商品。でも、商品名があると
仕事は、より楽しくなるはず。愛称でもいいですね！

優れたネーミングに
キャッチコピーは不要だが…

ブランディングでは
ロゴとセットでタグライン

次の章では商品のロゴづくりをしますが、ロゴとセットであるといい「タグライン」という"ブランディングの部品"のお話を少し。右頁に架空の商品のロゴにも見られるように**商品のロゴの前後左右にはスローガン的な一文がセットになっていることが多いです。これを「タグライン」といいます。**「タグ」には「付く」という意味があり「ライン」は「一文」と訳せます。タグラインは「商品ロゴに付いた一文」ということになります。が、この「タグ」にはもうひとつ広い意味があり、それは「世間と商品の結び付き」も含めています。たとえば『吸引力が変わらない、ただひとつの掃除機』というタグラインを見聞きしたら人は即座に「ダイソン！」となります。これは既にダイソンが**世間と自分たちの特徴を、この短い一文で"タグ付け"することに成功している証拠。**ダイソンはブランディング上手な会社です。あなたの商品にもタグラインを！

タグラインと
キャッチコピーの違い

「タグラインとキャッチコピーって、どこが違うの？」。この疑問に関しては右頁を見ながら答えましょう。キャッチコピーは商品のチラシやポスター、ＰＯＰやイベントなどで用いられ、より"売り"を目的としています。キャッチコピーでお客さまをハッとさせ、その足を止めたり、商品を手に取らせたり…と、とにかく売りにつながることを目的とします。**キャッチコピーは何個つくってもいいし、時期や機会や地域によって変えても構いません。対してタグラインはひとつであるべき。また頻繁に変えるものではありません。**前述の通りお客さまの頭の中に、あなたの商品のことが"タグ付け"されるには一定の時間を要します。なのに頻度高くタグラインを変えてしまうのは得策ではないですね。ただ、競合関係は変わるものなので、全体的な戦略を変える時や、イメージチェンジを図る時などは、それに伴いタグラインを変えるのもありだと思います。

商品コンセプト

「ひとり暮らしの女性向け消火器」というコンセプトの商品があったとします。

そのポスターがこれ！

ひとり暮らしの
選択肢

商品キャッチコピー

見る人をハッとさせ
購買意思決定を促す一文

SHOWCASE
火を消すモノでも飾りたい

タグライン

商品ロゴの下部にある
フレーズ

第4章 ブランディングとしてのネーミング＆キャッチコピー

73

タグラインのつくり方と
タグラインの活用方法

タグラインは
どうやってつくるのか？

では、最後にあなたの商品のタグラインのつくり方を。タグラインは第1章で散々やってきた"ワンフレーズの商品コンセプト"に近いものです。第1章でつくったワンフレーズを、あなたの商品のロゴとそのままセットにしても問題なさそうなら、そのまま使ってもいいと思います。もしも、それではロゴと合わせた時にヘンと思うなら、ロゴに似合うように短くしたり、言い回しを変えたりという編集作業をしましょう。そうそう、38頁でやった「3回ルール」はタグラインにも適応です。ワンフレーズの商品コンセプトを無視し、ゼロからタグラインを考えるのも結構。最終的には**世間と商品が、その一文で"タグ付け"されれば、それでいい**。もっといってしまえば、あくまでこれはオプション的なブランディングの部分なので、面倒ならナシでも構いません。**完成した暁には、なるべくロゴとセットで併用を**。その方が世間に、より早くタグ付けされます。

商品名は忘れられても
タグラインで検索される⁉

こんな経験ありませんか？ 街で見かけた広告…。その商品が気になっているけど名前は覚えておらず…。どちらかといえば、その商品ロゴの下に書いてあった言葉の方が記憶が鮮明。それもうろ覚えではあるけれど、その言葉（つまりタグライン）を試しにググってみたら、ちゃんと探していた商品に辿り着いた…という経験。私は仕事柄よく調べものをネットでするので、こんな場面は毎日のようにあります。でも、すごくいいことだと思います。だって、その商品にタグラインがなかったら見つけられなかったかもしれないし、私が潜在顧客であったら商機にも関わったこと。つまり、**タグラインはネットで買い物が主流の時代に特に効果を発揮する**ということです。大企業がTVCMで商品名をタレントに連呼させる今の時代、中小企業が世間に商品名を覚えて貰うなんて実は至難の業。「タグラインを常にセットで」はセーフティネットです。

商品のロゴとタグライン：セットの例

bon.

おしょうさんのためのカジュアル服

ラミールC
ホワイト

エステ発「プロ仕様の白」

「商品としてポジションを獲る」と前述しました。市場に旗を
立てる感覚でのタグラインづくりも、いいアイデアです。

ひとりのお客さまに向け
キャッチコピーはつくるもの

あなたの商品らしくない
そんなコピーはつくらない

タグラインの次はキャッチコピーについて。キャッチコピーだけでも1冊の本が書けるくらい本来奥深いものですが、**ブランディング上のキャッチコピーということで強調したいのは「あなたの商品の"らしさ"に合ったコピーのみつくりましょう」**です。たとえば、あなたがチョイ高の価格帯でアクセサリーを売っているとします。一生懸命ブランディングに取り組んできたのでパッケージやリーフレットからも気品が感じられると誰もが思うレベルに達したと想像してください。が、最後の最後で社員が勝手に店頭でＰＯＰをつくり、そのキャッチコピーには「輝くあなたに、もっと輝き!!!!!」なんて、ビックリマークが5つも語尾に付いていたとします。これではせっかくのブランディングも台なし。商品がチープで品なく見えてしまいます。つまり、これは"あなたの商品らしくないキャッチコピー"といわざるを得ません。"らしからぬコピー"は原則なし。

ペルソナのポスターに
向き合いながらつくるコピー

ペルソナのボヤキを挙げていくとキャッチコピーの突破口が見えてきます。たとえば、あなたがブランディング中の商品が"油脂分控えめなポテトチップス"だとします。ペルソナは帰宅部の女子高生。夕食までＴＶ観ながらスマホをいじくり、ポテチを頬張るような子です。そんなペルソナのポスターを貼り、その子が口にしそうな既存のポテチへのボヤキを挙げてみると、こうなります。『あぁ、スマホが汚れないポテチがあればいいのに…』『ポテチ中にウェットティッシュは見つからない…』。すると、段々キャッチコピーの神様が会議室に降りてきて各メンバーからアイデアが出始めます。「じゃあ、コピーは『スマホ使いのポテチ』でいこう！」「インパクト重視で『スマホ命の御用達』は!?」。こんな風にキャッチコピーづくりは楽しんで欲しいです。**眉間にシワを寄せながらではその商品の拡がりは限定的です！**

キャッチコピーはペルソナのボヤキを元に考える

ポスター化されたペルソナ
（たったひとりの想定したお客さま像）を前に、
その人のボヤキをリストアップしていきましょう。

そのボヤキ（困りごと・不満）を、
あなたの商品が解消できているなら、
そのボヤキそのものが
キャッチコピーにも成り得ますし、
それを元にアイデアは湧いてくるはず。

プッシュで商品を売るのではなく、プルで売っていくのがブランド。コピーも煽り系や恐怖広告系は避けたいですね。

ひとつ上のネーミング術と
国旗や生産地について

商品名を変えられない時は
こんな価値上げの工夫を

この章ではネーミングを軸に、あなたの商品にお客さまがより価値を感じて貰うための手法を綴ってきましたが、**もし商品名やタグラインを自由に付ける・変えるができない場合、次のことを"その他の価値上げテク"として考えてみてください**。iPhoneの外箱がお近くにあったら本体の裏を見てみてください。そこには「Designed by Apple in California. Assembled in China.」と刻印されています。普通なら、ここは「Made in China」の一言で終わってしまうところ。でも、ブランディングが巧みなアップル。**商品を最大限に価値化することを細部でも怠りません**。注目は製造の「Made」を使わず、あくまで組み立て（Assemble）を中国で行ったという表現です。この類の表現方法のアイデアを右頁に載せました。印刷物のロゴ周辺のどこかに使えるようなら、ぜひ。

商品名の前後左右に
国旗を入れるという付加価値

「Made in…」の話をお伝えした次は「国旗を上手に使う」も提案したいです。たとえば、スイス製の商品にはチョコレートでも工業品でも梱包の多くにスイスの国旗が入っています。もはや国旗がロゴ化しています。でも、それ正解です。66頁でお話ししたように**土地にはイメージがあり、スイスのそれは世界的に「安心」「安全」「守る」。それを理解しているから梱包やロゴの周辺にスイス製品は国旗を使い、商品の価値を最大化しているのです**。小さくてもいい。長方形じゃなくてもいい。丸だって構わない。あなたの商品の梱包やロゴの前後左右に日本の国旗を入れるのもブランディング。**「きめ細かい」「不良品が少ない」「ハイクオリティ」「時間に正確」といったプレミアムなイメージが日本にはある**のだから、そこは大いに利用です。最近リーバイスが日本製のジーンズに対し、こんなタグを付け始めました。海外からの観光客にも人気です。米国では小さなファミリービジネスを逆に誇り「FAMILY OWNED BUSINESS」という表記も見かけます。

製造やデザインした地を最大限価値化する表記例

Designed in Kyoto | Made in Vietnam

Hand-crafted by Artisans in Yamagata-JPN

Made with Samurai Spirit : Assembled in China

Developed & Designed in Beautiful Saga

Hand-picked by Senior Citizens of Iwate

生産地表記で優先すべきは法の順守。ＰＬや関税にも関わってきます。上の例はそれをクリアした上でのアソビの表記。

STRATEGY 10 | 商標登録や 海外進出について

先に思いついてもダメ
安心したいなら商標登録

ネーミングの章の最後は商標登録についてです。折角考えた商品名も、その商標（ネーミング）を法的に登録していなければ、他社も明日から使うことができてしまいます。あなたが販売中の商品名（商標登録していない）を、仮に他社が先に登録申請してしまったら大変。将来的には、あなたが考案者なのにもかかわらず、逆に商標登録した他社から訴訟や使用料の請求をされるリスク、それに伴いあなたの商品を全国の棚から回収しないといけない恐れも出てきます。**商標登録は特許庁に申請するもので早い者勝ち。「ネーミングを先に思いついたから大丈夫」なんてことはなく、あくまで先に申請・登録した人が、その名前を使う権利を得ます。**権利は登録日から10年間有効。その後も10年ごとの更新で、いつまでもそれを維持することができます。ネットにもたくさんの情報があがっているので、調べながら自力でも申請は可能だと思います。

海外進出を目指すなら
商標登録はさらに慎重に

スピードと正確性を求めるならばネットで弁理士さんを探しましょう。商標のアドバイスから申請まで代行してくれる専門家です。というのも、**商標登録には45に分かれた区分（商品やサービスの種類）があって、これが意外と難解。どの区分で出願をしたらネーミングの権利が本当に守られるのか、リストを見れば見るほど自信が持てなくなっていく**のは、よくあることです。が、やみくもに片っ端から複数の区分に登録するのはコスト高。ひとつの区分への登録は弁理士さんにもよりますが約5〜10万円は掛かります。ちなみに、あなたが考えたネーミングが既に誰かに登録されているか否かは簡単にネットで確認できます。検索サイトで「商標調査」と入れてみてください。**海外進出するならば商標登録は、それぞれの進出先の国でマスト。海外では商品名が少し類似している程度でもクレームが入ることがあります。**より慎重さや法的な武装が大事です。

商標ロゴとは？

商標とは、事業者が、自己（自社）の取り扱う商品・サービスを他人（他社）のものと区別するために使用するマーク（識別標識）のことです。

商標権とは？

〈マーク〉＋〈使用する商品・サービス〉
をセットで登録します
※マークだけを登録するわけではありません！

＋

第 9 類
「電気制御用の機械器具」

商標権を取るメリットは？

☐ 商標権を取得しておくことで、自分の商標として独占的に使い続けることができます

☐ 自分の登録商標・似たような商標を使っている人に使用差し止めおよび損害賠償請求ができます

商標登録出願とは？

商標登録を受けるためには、特許庁に出願をすることが必要です。
同一または類似の商標の出願があった場合、どちらが先に使用していたかどうかにかかわらず、先に出願した者に登録を認めるという先願主義が採用されています。

出願前にやるべきこと？

他人がすでに同一もしくは類似の商標を登録していないか、先行商標調査をしておきましょう。
◎ J-Plat Pat（特許情報プラットフォーム）

https://www.j-platpat.inpit.go.jp/

70 頁にあったコーヒー牛乳の法則でつくるネーミングの場合、普通すぎて商標登録が認められないこともあります。

グローバルな今の日本
最初から世界に通じる名を

海外進出を
見据えたネーミング?

今ブランディングしている商品で海外進出に挑戦する会社もあると思います。中小企業も含めた日本の会社のグローバル展開は大賛成です。その予定がなくてもインバウンドがわんさか訪れる今日の日本。日本を旅行中に、あなたの商品をどこかで見た外国人が「自国で売りたい」と連絡をしてくるケースも最近増えています。なので、**ゼロからネーミングをする場合、そんなグローバルな展開を視野に入れて、この時点から考えておくのもいいかもしれません。**この手の事例として必ず登場するのが〈カルピス〉や〈ポカリスウェット〉。前者は英語圏で響きがオシッコを連想させ、後者は汗を飲むイメージを持たれてしまうというのは有名な話。提案としては**ネーミングの際に英語圏・フランス語圏・スペイン語圏などで、それはネガティブな意味に取られないかなどの確認もしておくこと。**ちなみに〈ハイチュウ〉は今アメリカで、そのままの名前で超人気の商品です。

正解はないけれど
避けたい幾つかのこと…

海外向けに商品名を表現する時はローマ字で考えると思います。が、意外とそこに落とし穴が…。**ローマ字は万能ではありません。日本人が読んで欲しいようにアルファベット圏の人が読んでくれないことは多いです。**たとえば「RYU」。英語圏の人は「ラユー」と発音します。リュウと呼んで欲しかったら、ここは「LIU」です。またラテン語圏の人は「H」の音を発音しないのでHONDAは「オンダ」になります。右頁は台湾で大人気、日本人の方が現地で起業し何店舗も展開する抹茶の大判焼き屋さんですが、マッチャの表記はグローバル基準です(ローマ字表記なら本来はMACCHA?)。数字を用いるのもグローバルに伝わるので◎。好事例です。また丁寧な製法が自慢の茨城県のタコの加工会社は輸出用パッケージに屋号より大きく「ARTISAN OCTOPUS」と表現。職人がつくった価値を前面に出し小沼源七商店という長めのブランド名は後まわし。これも輸出のテク。

108 MATCHA SARO

第 5 章

ブランディングとしての
色使いとデザイン

For Better Branding

STRATEGY 01 | デザインにケチだと ブランディングは厳しい

ブランディング上の デザインは逆算

商品コンセプトを固め、ネーミングやタグラインもできたら、次はそれらをデザインで表現するステップです。商品のロゴや梱包、それに伴う色使いを一緒に考えていきましょう。**ポイントは、やみくもにデザイン性だけ高めたり、外に丸投げ的依頼をデザイナーにしないこと。**ブランディング上のデザインで肝になるのは"逆算"です。商品コンセプトを文字ではなく"見た目"で表現するためには、どうすればいいのか? どうしたらこのユーザー(ペルソナ)をデザインで喜ばせることができるのか? こうして**全てを"逆算"で考えデザイナーと共に仕事を進めていきます。**いい商品コンセプトやネーミングが揃っていても、このデザインという表現の部分でコケたら台なし。人も商品も"見た目9割"です。B to Bには必要ない? そんなことないです。営業も見本市もデザイン性が高い方がよりラクに仕事が進みます。新しい挑戦でブランディングの威力を感じて欲しいです。

デザインの依頼の仕方を 根本から変える時

日本の企業、特に中小企業はデザインへのコストを渋るところが多いです。が、ブランディングに取り組む会社がその姿勢なのはNG。「デザインと売上は無関係」なんて考えている人がメンバーの中に…、中小企業ならば役員メンバーの中にひとりでもいると「そんなにデザインこだわって、どうすんの?」という発言や空気が出てきてチームの士気を下げてしまいます。デザインにお金とエネルギーをかけてみてはじめて見える新しいビジネスの世界があります。不穏な雰囲気になったら**31頁の内容をチームと共有しブランディングの果てに得られるものを伝え続けましょう。**そして、これを機にデザイン類の発注先を変えることも大事。今までデザインを依頼してきた地域の印刷屋さんや梱包屋さんがブランディングを深く理解し最先端をいっているならOK。そうでもないなら選手交代。**ブランディングに長けた協力会社を発掘するいい機会です。**

ブランディング上手は デザイン等を 商品コンセプトから 逆算で考える

デザイナーやイラストレーターに対して 「何でもいいから提案して」の姿勢はNG

決定したネーミングで
商品のロゴづくり

コンセプトや価格帯を
ロゴデザインで表現

第4章で決めたネーミングのロゴをデザインするというプロセスを始めましょう。**ロゴは心理学そのものです**。たとえば、商品の価格帯。右頁のようにスペースを贅沢に使った商品のロゴに人は「何か高そう」と感じます。反対にロゴがギュッと詰まっていて、さらに大特価チラシのような色使いだったら「安いのかな」と見た人は思います。これが白抜きだったり太文字だったら「頼りがいあるな」となるし、それが富士山のようなドッシリ安定した形ならなおさら。あなたが手掛ける商品がカギとか工具とか健康食品だったら、このように安心を感じてもらえるロゴをオススメします。反対に逆三角形の建物を見た時に不安で「何か怖いね」と人が口を揃えるのと同じ心理で、逆三角形のバランスで描かれたロゴには不安を感じる方もいます。**商品のコンセプトの表現としてのロゴも大事**。ペルソナが喜びを覚えるロゴも大事。見た人の心理も考え抜きましょう。

ロゴは使い勝手が大事
最終的に欲しいのはこれら

ロゴデザインは最終的に右頁のバリエーションをデザイナーから全て納品して貰うといいでしょう。「メインのロゴひとつだけ納品」では印刷物に収まりが悪かったりすると社員がロゴを勝手にいじくるケースも…。結果、アンバランスなロゴや見たこともないバージョンのロゴが社内のあちこちから誕生します。それを未然に防ぐためには、**最初からロゴはフルコースで納品してもらいましょう。英語版・日本語版・タテ版・横版・カラー版と白黒版…。あるといいのが文字だけ版**。モチーフやキャラなど文字以外のものが削ぎ落されたバージョンは必須です。またタグライン付き・なし版、URL付き・なし版、もしくはその両方がロゴの前後左右に付いている版もあるといいです。これらをJPEGとAI（アドビ・イラストレータの略）の形式のデジタルデータで納品してもらいます。JPEGはプレゼン資料などに使用、AI版は印刷会社やデザイナーとのやり取りに必要です。

知らないうちに与えてる？ ロゴデザインの印象

TORIAEZU
COMPANY

逆三角形のロゴは不安定な
印象を見る人に与える場合も

T O R I A E Z U

余白たっぷりで文字の合間も
余裕あるロゴには高級感が漂う

白抜きはどっしりとした印象。
頼りがいありそうに思われる

富士山の雄大さには安心感。
同様に三角形のロゴも安心感

デザイナーから納品時に貰いたいバリエーション

横置き英語バージョン

縦置き英語バージョン

横置き日本語バージョン

縦置き日本語バージョン

枠なし横置き英語バージョン

枠なし縦置き英語バージョン

枠なし横置き日本語バージョン

枠なし縦置き日本語バージョン

あらかじめバージョン違いのロゴを納品時にデザイナーに要求しましょう。
JPEG と AI、両方のデジタルデータをもらい、しっかりと社内で保管を。

STRATEGY 03 | ロゴは納品後に明暗が分かれる

デザイナーに納品された時
それはデザインでしかない

ロゴをつくったり、デザインを整えることがブランディングと捉えられることが多い日本。もしもその程度で地域・業界のブランドと呼べるような商品が生み出せるなら話は簡単。どこの会社もデザイナーを雇って、見た目を整えればいいだけのはずです。でも、実際ブランドとして世に認められている商品は、そんなに数多いわけではありません。つまり、ロゴつくって「ハイ、おしまい」という単純な話ではないのです。プロローグで披露した家畜のエピソードと同じです。そのロゴ（焼印）に「アブラと香りが段違い」という印象や意味付けがなされ、それが世間に伝わり、ユーザーに認められ、はじめて単なる商品はブランドに昇格していきます。**ロゴがデザイナーから納品されたとしても、その時点では単なるデザインでしかありません**。そのデザインをブランドと呼ばれる存在にまで高めていけるかはあなた次第です。

商品に関わる全ての人に
ロゴの取り扱いルールを徹底

ロゴは完成後・納品後からが大事。実際、多くはロゴ納品後の保管が甘いです。88頁でデザイナーからロゴのバージョン違いを貰って、と書きましたが、納品後のロゴデータ紛失はどこでも多発気味。どのＰＣに保存してあるのかも分からず「お手数ですが…」と再度デザイナーにメールするケースは本当に多いです。保管の他にも力を入れたいのがロゴにまつわるＮＧ集の周知徹底。同ページにて社内で"勝手ロゴ"が誕生する恐れに触れましたが、タテヨコの比率を変えたり、色を変えたり、タグラインを変えたり、余計なものを追加したりなんてことが起こるんです、リアルに。なので、右頁のようなルールがあなたの会社にも必要です。**社員だけではなく、協力会社にも共有して、ロゴの扱いを徹底することはブランディングらしい行い**です。ロゴが持つ印象が変わると、商品としてのイメージも変わります。一貫したイメージの発信が基本です。

ロゴ納品後には取扱いのルールを

元のロゴがこれだとしたら

取扱い NG 集を、こんな風につくりましょう！

✕ 勝手に比率を変えない！

✕ 勝手に色を変えない！

✕ 画質が荒いものを使わない！

✕ 勝手に鳥にしゃべらせない！

✕ 勝手に鳥を増やさない！

✕ 勝手に文字をくずさない！

デザイナーからロゴが納品されて安心している会社は多いです。いやいや、そこがブランディングのスタートライン。

STRATEGY 04 | デザイナーの探し方 あの手この手

紹介よりも自力で探す！
デザイナーはかなりピンキリ

「デザイナーはどう探すの？」という声は多いです。デザイナーは、まず自力でネット検索がいいでしょう。誰かからの紹介も悪くないですが、あなたがやろうとしていることに合わないデザイナーだったり実力が伴っていない場合、断りにくいものです。というのも、デザイナーも医者の○○科と同じで専門分野があります。ロゴが得意、パッケージが得意、パンフが得意、ウェブが得意…。さらにカワイイ系、クール系、和系など枝分かれしています。**デザイナーと名乗っている人は誰でも同じレベルで何でもできると思われがちですが、かなりピンキリ＋得手不得手があります**。もちろん「何でもできます」と謳っているデザイナーもいれば、そこそこのサイズのデザイン事務所なら各分野のエキスパートがいてワンストップで済むという場合もあります。いずれにせよ、経験値向上のためにも自ら検索。過去作品をウェブに掲載しているデザイナーは多いです。

デザイナーや写真家
イラストレーターが集う場所

もうひとつ時間に余裕があるならば、こんな方法でデザイナーやフォトグラファー、イラストレーターと知り合うことができます。**東京ビッグサイトのホームページを開いてみてください**。イベントカレンダーの中で〈クリエイターEXPO〉や〈デザインFESTA〉と書かれたものは、**デザイナーやイラストレーターが自身の作品をブースで披露する類の展示会**。入場は誰でもできます。実際に会場を練り歩きながら、これだと思う作品に出会ったら、本人と名刺交換、そしてその場で仕事のオファー。ネット検索では感じきれない相性が分かるのもいいですね。最初に「時間に余裕があったら…」と書いたのは、イベントのタイミングとプロジェクトの進行が合うとは限らないからですが、**あなたの地元にも似たようなイベントはきっとあります。そんなイベントがデザイナーと知り合う穴場**。利用している企業は多くないので、ぜひ！

92

色々なクリエイターがいる

グラフィック
デザイナー

WEBデザイナー

和系デザイナー

パッケージ
デザイナー

プロダクト
デザイナー

服飾デザイナー

ユニフォーム
デザイナー

ブックデザイナー

キャラクター
デザイナー

空間デザイナー

人物系写真家

食品系写真家

ブツ撮り系写真家

建物系写真家

衣類系写真家

等々

QRコードから東京ビッグサイトのサイトへ。
デザイナー等と出逢えるイベントにレッツGO！

STRATEGY 05 | ブランディングの適任者と デザイン費用の相場

ブランディングに適した デザイナーとの出逢い

幾つかデザイナーとの出逢い方を綴りましたが、この過程で**見つけたいのは、あなたの地域で最もブランディングを理解したデザイナー及びデザイン事務所です**。よくある地域の印刷屋さんのゴチャゴチャなＨＰとは違い、そんなデザイン事務所は大体においてウェブはシンプル。美しい写真と共に自分たちの実績を見せていることが多いです。これはモノの"見せ方(魅せ方)"を知っている証拠です。こういうところがブランディングに適しています。一般的な名称はデザイン事務所ですが今はクリエイティブ・エージェンシーとも呼ばれます。試しに山形県天童市で探してみました(右頁)。この〈コロン〉が、それにあたると思います。きっとあなたの地域にも、これに近い雰囲気のクリエイティブなデザイン事務所が存在するはずです。それ、ぜひ見つけてください。このレベルのパートナーと出逢えたら、あなたの商品ブランディングの前途は明るいです。

たとえばロゴには 幾らかけるべきなのか?

では、デザインには幾らかけるべきなのか? たとえば、ロゴひとつに数百万円かける会社もあれば、数万円程度で済ますところもあり一概に相場は示しにくいです。でも、今はブランディング中。具体的にいうならロゴひとつに５〜30万円くらいはかけたいものです。ロゴ以外にも商品によってはパッケージやリーフレット、ウェブサイトや見本市のブースなどのデザインもあるので、マルっと全部含めたら今後そこそこのデザインへの投資は発生します。でも、ひるまないでください。「いつもの印刷屋に頼む方が安くない!?」と舞い戻ってはブランディングにならないし、会社の発展にもつながりません。なので、ここは**デザインにかける予算の上限を設け、その範囲内でできることをデザイナーと相談しながらプロジェクトを進める**のがいいのでは? いざとなったら地域の助成金やクラウドファンディングもあります。**デザインにはケチにならない姿勢は守りたい!**

ブランディングに長けた地域のデザイン事務所探し

山形県 天童市 デザイン 事務所 🔍

ブランド戦略コンサルタント
その選び方と付き合い方

見つけたいのはデザイナー兼
ブランディングの相談相手

ブランディングに長けたクリエイティブ・エージェンシーは他社のブランディング事例や、あなたの商品に合った販路なども打合せの中で教えてくれると思います。つまり、あなたの地域でいいクリエイティブ・エージェンシーを見つけたら、**それは頼もしいパートナー。単なるデザイナー以上の相談相手です。話すほどにブランディングの知識があなたに備わる、そんな味方がいるといいです。**本書の特設HPにあるケーススタディは執筆期間中にゼロから興したスパイスブランドですが、そのデザインは〈ハルイロ・ブランディング・デザイン〉という食品パッケージに強い事務所が行っています。これはまさに発注側である企業が、そのデザイン事務所に色々相談しながら進めてきたもの。いつもの印刷屋さん・梱包屋さんへの発注を断ちブランディングに長けたクリエイティブ・エージェンシーと巡り会えたという好事例です。

全てをリードしてくれる
ブランド戦略コンサルタント

ブランド戦略コンサルタントの存在について少しだけお話しします。ここまで学んできた商品コンセプトなど、この後に登場するウェブや見本市などなど、多々あるブランディングのスゴロクをリードし共に歩んでくれる存在がブランディング専門のコンサルタントです。この章でやってきた**デザイナー探しも無論、デザイナーへの指示・依頼なども的確にやってくれます。ただコンサルもデザイナー同様、かなりピンキリ。**またドクターと同じなので相性もあります。契約前に何度も会って人柄的な見極めもあった方がいいです。そして、**デザイナーではないので商品のローンチまでを仕事として依頼するのではなく、その後の営業活動やメディア戦略まで共にできる人を選ぶ方が効果的です。**月額は一概にいえませんが、こういった専門家を雇うための助成金も探せばあるはずなので、そこと併せてチームに迎え入れる検討をするのがいいですね。

商品ブランディング：各側面で適した相談役は？

	デザイン的なブランディングの相談	経営的なブランド戦略の相談	販路や営業的なブランド戦略の相談	メディア露出に関するブランディングの相談
一般的なデザイナー	◎	○	○	○
ブランディングが上手なデザイン事務所	◎	○	◎	○
街の印刷屋さん（営業担当）	○	○	○	○
ブランド戦略専門のコンサルタント	◎	◎	◎	◎
税理士・会計士	×	◎	○	△
中小企業診断士	×	◎	○	○
PRエージェント*	○	○	○	◎

近年多い 中小企業の不満…

『印刷屋さんから受ける提案…あんまりピンとこないんだよね♪』

PRエージェントは、月額でフィーを払えば、あなたの商品を雑誌やTVなどのメディアに載せるお手伝いをしてくれます。

デザイナーとの打ち合わせ 準備のためのロゴ知識

デザイナーとの会話が弾む ロゴに関する基礎知識

過去の経験から**デザイナーとの会話が弾むほど、いいデザインが生まれる**と考えています。パンパンパーンと当事者同士で会話がつながっていく場面が何度も今後あるといいですね。そのためには我々発注側のロゴデザインに関する基礎知識の武装が必要。第4章でやったタグラインも含め、ロゴとロゴ周辺の各パーツの名称を、おさらいを兼ねて見ていきましょう。右頁を見ると、ひと口にロゴといっても細かく分ければ各パーツにこんな名前が付いています。文字の部分は**「ロゴタイプ」**です。下でも上でも、右でも左でもいいのですが、すでに学んだ**タグライン**は、こうしてスローガン的に入ります。この2つだけから成るロゴもありますが、他にも右頁でいえばモチーフとしての4つの星がありますね。これはそのまま通称**「シンボル」**です。白黒なのでここでは示せませんが基調色は「コーポレート・カラー」といいます。1色ではなく複数でも大丈夫です。

商品ブランディングに キャラクターは必要か？

「キャラクターをつくりたい」という話はよく出てきます。前述した"ロゴのパーツ"のシンボルの部分がキャラクターというロゴも多いですよね。あなたに**キャラクターが必要か否かは商品コンセプトやペルソナから逆算することで答えが出てくる**と思いますが、仮につくったなら、とことんそのキャラを活躍させてください。特に中小企業の場合はつくったはいいけれど、その後の"キャラの放置"が目立ちます。それでは結果として悪イメージ。たくさんの動きや表情、季節・祝日バージョンをつくり続け、ひとりの社員のように働いて貰うようにしないとダメです。それは面倒だと思ったら、**オススメしたいのはキャラといってもよく見る2頭身のカワイイ系ではなく、より大人っぽい単純な線やシルエットで描く生き物です**。こっちの方が季節性も服もなく、**維持がよりラク**。右頁下のカンガルーのような感じです。

打合せ時に役立つロゴのパーツ名称

商品キャラクターづくり：種類と可能性

STRATEGY 08 | デザイナーへの依頼は こんな風にしていくといい

上手なオーダーは デザイナーのモチベーション

「幾つかデザイン案持ってきてよ。選ぶから」。この調子で印刷屋さん(デザイナー)と仕事をしてきた会社は要注意。**提案を待つ→批評→選ぶ→手直し依頼というデザインの進め方では御社にブランディングの力が備わりません。**既に話に出てきた商品コンセプトやペルソナからの逆算でデザイン案を我々側がある程度練るのは当然、加えてつくり手・売り手としての商品への想いを熱くデザイナーに都度伝達することもお忘れなく。故に初回のデザイナーとの打合せはスカイプで済ますのではなくフェイス・トゥ・フェイスが必須です。デザイナー選びの際、既に彼・彼女の過去作品は見たと思いますが、そのクオリティのものが御社のプロジェクトで出てくる保証はないです。**そのクオリティが引き出せるように打合せの度にデザイナーをモチベートしないといい仕事は残せません。**「お金払うこちら側が!?」と思ったらアウト。リードするのはあなたです。

うまく依頼できそうなら ネット上での公募も◎

もし右頁のようにロゴの注文を明確に文章で表せるなら、早くて安価なロゴづくりの選択肢があります。それは「ネット上でコンペ」です。正確にいうと**「コンペを取り仕切っているネット上のサービスを利用する」**です。たとえば、その分野の代表格〈ランサーズ〉。そこに右頁のような文を発信すれば全国のデザイナーがあなたのために次々とサイト上でロゴを提案してくれます。コンペの価格・期間・お題次第ですが多ければ2週間程度で100を超える案が集まるかも。あなたはそこから選択するだけ。ランサーズならば選択後、気に入った1点に支払えばOK。その金額はランサーズの場合コンペ開始前に予め決める方式で3万・5万・9万のいずれか。つまり、あなたは最高でも約9万円の費用でロゴを権利付きで入手できます。注意点はお気に入りがなくても提案から1点は選ばないといけないこと。過去の経験上、約9万円のコースが絶対的にオススメです。

実録：ネット上のコンペでつくった商品のロゴ

ロゴ表記名称	NAKAYOSHI COFFEE

― 概要・特徴 ―

新しいコーヒー豆(焙煎)のブランドのロゴの依頼です。ヴィンテージな雰囲気、レトロ感ある文字でいきたいと思います。シンボルは「グータッチ」。角度は、どの角度でもOKです。なぜグータッチか？そのブランド名が「NAKAYOSHI COFFEE」だからです。絵は、あくまでイメージ。全体を囲う・囲わない、文字を2段にする・1段で収める等々、お任せします。場所を示す「SHIMA, GUNMA」も。表記はカンマで区切って半角スペース、またはハイフンを入れる「SHIMA-GUNMA」かで。スペルはより正確な「GUMMA」もありますが、今回は「GUNMA」で。基調色としてサックスブルー(薄い淡い水色)とマルーン(ワインレッド)を入れます。これは親会社を示す色です。が、もちろんべったりではなく、ほんのりどこかにでOKです。いずれにせよ、イラスト自体・ロゴタイプを、いつ見ても不変的なヴィンテージ感ある感じで、お願いします。

このロゴに対して支払ったのは
9万1,800円。
かかった日数はわずかに14日。

94点のロゴ案が2週間で全国の
デザイナーから集まり
右が最終的に選択したロゴ。

STRATEGY 09 | 提案からの ロゴデザイン選択のコツ

何を基準に選択するのが
正解なのか？

商品ロゴ案を数個に絞り、いよいよ最終決定という際になって「俺はこれが好きだな…」と社長や上司のツルの一声。そこでダサいのを選択されないようにするために、ましてやゼロからやり直しとならないように、ここはペルソナを大いに活用しましょう。**「顧客はこういう人を想定しているのでロゴは…」と例のポスターを持ち出し上司の好き嫌いの話に終止符を。**大抵の会社は「お客さま第一」といっているのだから、そこも併せてです。では、もし上司が理解ある人で「チームで（あなたが）決めればいいよ」となった場合は？ その時は104頁で詳しく書きますが、**より頭に残る方。残像感**といいますか、どこかにいい意味で引っ掛かる部分があるロゴを選ぶべきです。それでも選択に迷ったら、より楽しいロゴの方を楽しいノリで選択です。楽しそうにした仕事は不思議と商品を通じて世に伝わるもの。それが商品のファンを生むためにも「ＦＵＮ＝ＦＡＮ」です。

選択前後に考えたい
類似チェックと意匠権

もうひとつ**現実的な話として**ロゴデザインの選択時に行いたいのが、**類似するロゴのチェック**です。東京オリンピック・パラリンピックのロゴでも問題になったように、今では誰もがネットで類似を指摘できてしまう時代。せっかくのあなたの新しい商品のロゴが、そういった指摘で前に進めなくなってしまうのは残念です。なので、決定前に類似の確認を。まずは弁理士さんをネット検索し、費用を支払い類似するロゴの調査をする方法がひとつ。他にも〈Toreru商標検索〉や〈TinEye〉などの類似ロゴ検索サイトを利用し自力で調べるのもありです。最後に東京五輪のロゴ類似問題時にＴＶ番組などで"解説する人"としてコメントをし続けてきたデザイナーの溝田明さんが、本書のためだけに次のように文を寄せてくれました。「ロゴは個性や差別化の表現です。他に似ているロゴがある時点で、そもそもロゴとして機能していないのでは？」。ごもっともです。

ロゴを社長や上司の好きで決めないこと！

優先すべきは商品コンセプトやペルソナ
それらに合ったロゴを選ぶのが正解です

「社員を巻き込んで皆で決めたい」という経営者も多いです。その際は点数を可能な限り絞ってからの投票がいいです。

STRATEGY 10 | ロゴにお金をかけない!?
上級者のブランディング

上級者はロゴを頼まない
もしくはお金をかけない

店舗＋家で食べる商品も人気の〈スープストックTOKYO〉。起業後10年あまりでJAL国際線の機内食にも採用されるブランドに発展しました。配膳時にロゴを見て「わぁ、スープストック！」と沸き立つ女性ファンは多いです。が、そのロゴは白黒。誰のPCにも入っている「TIMES NEW ROMAN」という極めて基本的なフォントでつくられています。また右頁の〈ハサミ〉もロゴ含めデザイナーに一切頼ることなくつくった長崎県の波佐見焼のブランド。中川政七商店のコンサルによりリリースされ、瞬く間にどこでも見かけるブランドに。今日もギフト市場を賑わせています。ナイキのロゴも、たった17時間、費用は40ドルでつくられているロゴです。**これらの共通点はロゴにお金をかけていないところ**。ロゴは事後が大事。単なるデザインをブランドに格上げするのは会社のアクション次第と理解している人たちは、ロゴ自体にはこだわりないのかも!?

優れたロゴには
"引っ掛かり"がある

優秀なロゴには"引っ掛かり"があります。引っ掛かりとはロゴを見た人の頭に残る何かしらの仕掛けや残像感のようなもの。いわれて初めて気づく程度のことなんですけど…。たとえば、右頁の〈フェデックス〉のロゴ。よく見るとロゴの一部分が矢印になっています。国境を越えて荷物を運ぶ彼らの事業を密かに表現しているのです。毎日見る〈セブンイレブン〉も英文ルールを無視し最後だけ小文字。気になります…。かっこいいロゴをつくるだけでも大変なのに、**プラスアルファで"引っ掛かり"を付け加えるのは簡単なことではありませんが、どうかひとつのテクニックとして覚えておいてください**。人から人へ噂で広がったり、トリビア的にメディアで幾度も取り上げられたりと、何かと"引っ掛かりのあるロゴ"にはメリットがあるものです。ちなみに私の会社のロゴにある4つの星の形もいびつ。引っ掛かりとしています。

意外と簡単にできているロゴ例

"引っ掛かり"があって何だか気になるロゴの例

よく見ればEとXの間に矢印が

普通なら全ての文字が大文字なのに…

商品ブランディングとしての色の考え方・決め方

ブランドは色で認識される

ネーミング・タグライン・ロゴときましたが情報溢れる社会で商品名を覚えて貰うのは大変。商品の色を覚えて貰う方が比較的ラクです。「名前は忘れたけど箱の色は覚えている」なんて経験もありますよね。そして、ロゴは心理学と書きましたが、色彩も極めて心理学。**選択する基調色次第で売れ方やイメージ、支持も変わってきます。**食品や飲食店に青系が向かないのは、ご存知の通り。心理的に食欲を駆り立てないし、自然界に青の食物は少数派だから。でも、一方でシャープ・スマート・誠実・正確という印象があるので工具や文具、会計ソフトなどのパッケージに青系はいいでしょう。ちなみに、アメリカ人は日本人ほど「青＝食欲減退」とは思わないようで、ブルー基調の食品やレストランチェーンも少なくないです。さあ、ここからは少し商品の色についての時間です。この本は白黒の本だけど随所本書のカバーのカラー部分を使っても説明していきます。

他社商品とかぶらぬよう色もポジショニングで

商品の基調色を決める際、類似した色を使う他社商品が存在するなら、その"ポジション"は既に押さえられています。ポジショニング・マップのところでブランディングとは「市場のポジションを獲ること」と記しましたが、これは基調色にも適応です。たとえば、あなたが新しいコーラをこれからリリースするなら「赤だとかぶるな」と考えるでしょう。そう、**基調色を決める際は"かぶる"を避けること。かぶると差別化になりません。「競合が多くて色の選択肢がない！」という人は1色ではなく2～3色を基調とします。**同じコーラ界でいえば〈ペプシ〉は赤・白・青が基調です。あなたの机の上にある消しゴムの〈MONO〉も青・黒・白です。仮に色がかぶったとしても強い理由があるならセーフ。前述の〈スープストックTOKYO〉は白黒基調ですが、スープにはそれぞれ色があり、あくまで主役はスープ。それを際立たすためにモノトーンという理由があります。

基調色は原則的に競合する商品
とかぶらないものに設定

基調色は1色？　いや、これらの
ようにコンビネーションもあり

好き嫌いで決めるのではなく、
ここもコンセプトとペルソナ

その色が一般的に持つ心理的な
イメージをよく考えること

その心理的なイメージについては
本書のカバーの折ったところ（そで）に！

欧米のブランディング
色々な色の決め方

人気の色を選択し
色からファンをつくる方法

商品ブランディングなので、この後もプロモーションやノベルティなどいわゆる販促のアレコレが出てきます。そういったことを見越して、ここは**単純に「皆が好きな色」をあなたの商品の基調色にするのもあり**です。実際、米国で誕生する新しいプロスポーツチームはエメラルドグリーンを基調にするチームが多いのですが、それはアメリカ人３億人が平均的に好きな色が、それというデータに基づいてのこと。すると、バスケや野球に興味なくても「この色いいわね」と色からＴシャツやグッズを買ってくれる層もいるし、ノベルティを受け取る人も増えるからです。好まれる色は世代や地域によっても多少異なるし、統計もいろいろなので結局この色の決め方も迷うのですが、私の肌感覚では〈ティファニー〉**の紙袋にあるティファニーブルーを嫌いな日本人は滅多にいない**なという感じがします。後は**発色のいい抹茶色。この色も日本人の琴線に触れる**ようです。

脱・安売りを目指すなら
微妙な色を基調色に

ティファニーの色はズバリの名前が付け難い色。だからティファニーブルーなんです。グッチの紙袋も、そうです。クロに近いコゲ茶だか、茶が入ったチャコールなんだか、見る角度によっても違う、これも形容しにくい色です。**色には（値段が）高い・安いのイメージがあります**。大安売りのチラシのように赤・青・黄色などの原色のミックスに人は原則的に「安そう」と感じます。クロや深いグリーン、チャコールなどの品がいいダーク系には瞬時に「高そう」と人は反応します。それにプラスして脱・安売りのための色選びが冒頭２つの事例のような"微妙な色"を基調とすること。本書のカバーにザッと事例として、そんなカラー集を載せておきます。右の茨城県のタコ屋さん〈小沼源七商店〉は頑張っています。名付けるのが難しく、しいていうならタコ色で今日も全世界に発信を続けています。ちなみにユニフォームにはターコイズのものもあり。タコだけに（笑）。

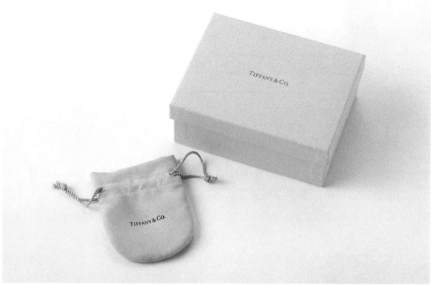

公式シューズはタコの色の〈コンバース〉

白黒で残念ですがターコイズ色の制服も

ブランディングでは
基調とする「柄」も欲しい

色で迷ったら
「ブラック」企業になるといい

色が決まらないなら「ブラック企業になる」がオススメ。高級感もあり管理もラク。印刷物などに統一感を持たせるのも簡単でブランディングでは重宝する色です。右頁の上部の例にあるようにロゴデザインにレトロ感を加味すれば、いつまでも古臭く見えないというのもクロの特色。これまで星の数ほどのプロジェクトをやってきて黒＆白抜きを基調色にして過去に恰好悪くなったことは一度もないです。黒で統一した最高の事例を見れるのは新潟。三条市の近くに行ったら爪切りの〈SUWADA〉の本社＆工場に立ち寄ってみてください。オープンファクトリーなので、いつでも見学可能です。駐車場の案内から職人のユニフォーム、現場の備品まで全てブラック。めちゃくちゃ格好いいし、故に工場見学後に売店で色々買いたくなります。それどころか、ここで職人を見たら誰もがモノづくりの仕事に憧れを抱くと思います。

中級者以上を目指すなら
「基調柄」という発想を

黒と白のモノトーンでは味気ないというならば基調色の他に「基調柄」という概念を。右頁の下の写真は〈ランドレス〉という洗濯洗剤＋ランドリー関連グッズのブランド。モノトーンを基調としていますが、同時に縦ストライプという"柄"も基調としています。それがとても利いていて小売店の棚では常に目立っています。日本に上陸して10年以上経ち、見事に地位を確立し、今ではマネっ子もいっぱいです。**この基調柄という発想はモノトーンの場合のみならず、あなたの商品の基調色が何であろうとあってもいいアイデアです。**実際〈カルピス〉には青の水玉がありますね。その柄あっての、あの存在感！ これが単なる青と白の飲み物だったら、ここまで高いブランド力は備わっていなかったかも…。〈バーバリー〉や〈伊勢丹〉のチェック柄も、そんな一例。それぞれ数十メートル先からでも見分けられる強烈な基調柄です。

ブランドは商品が持つ世界観ごと買われるもの

一段上の商品に見せる
サブグラフィックという技

カルピスの青の水玉のように商品ブランディングで基調となる柄があるといい点は「サブグラフィック」として多用できること。右頁のように、**印刷物や梱包、販促品の背景に薄っすらと文字を害することなく、あなたが基調とする柄を入れると一段上の商品に見えます。**格段にブランディングしているように映ります。簡単だけど多くの会社が、特に中小企業がやっていないことです。こういった柄の使い方をサブグラフィックといいます。これはイベントや見本市などでも大きなインパクトとなります。右頁の事例の印刷物は山形の小さな家族経営のリンゴ農家さん〈だいちゃん農園〉のものです。ここも水玉を基調としているので商品のラベルなどにサブグラフィックが…。〈小沼源七商店〉も、タコの足でできた唐草模様をあらゆる印刷物の背景に入れています。

切り絵風のお豆腐が
割高でも人気の理由

ブランドと呼ばれる商品は他商品に比べ価格がチョイ高の場合が多いです。何故チョイ高でも人はブランドを買うのでしょう？ ひとつの理由として挙げたいのは、**お客さまは商品そのものだけにお金を払っているではなく、その商品が持つ"世界観"が好きで、その世界観も含めて買っているという感覚があるから。**ここでいう世界観とは、その商品が放つ雰囲気・カルチャー・オーラ。端的にいえばデザインや質感、ストーリーです。たとえばスーパーの冷蔵ケースで独特の空気を発している〈男前豆腐店〉。価格競争激しい豆腐の世界の中、切り絵にデザインされたパッケージや楽しいネーミング、そして遊び心に溢れるHPなどでお客さまを喜ばせ続けているお豆腐屋さんです。味がいいのは当たり前。それに加えてユニークな世界観があるブランドです。チョイ高であっても喜んで男前豆腐にお客さまがお金を出すのは、その世界観も一緒に買いたいという気持ちがあるからです。

柄が背景にあると印刷物が変わる

柄の背景には歴史・文化・地域性などがあります。チェック柄ひとつでも英国系〜アウトドア系まで色々。調べてみましょう。

STRATEGY 15 | 安売りしたくないのなら 安売りしそうな色を使わない

商品としての
ＯＫカラーを決めておくこと

基調色以外にも印刷物などで積極的に使うべき色を幾つか決めきましょう。使っていい色なので「ＯＫカラー」と名付けます。といっても、色の数は果てしなく細かく挙げていたらキリがない。なので、あくまで「こういう系統の色を（基調色以外でも）積極的に使っていこう」という程度のザックリ案で構いません。白黒ページでは伝えにくいので、カラーの事例は本のカバーの裏に載せました。そこにあるように**5つくらいのＯＫカラーを示し、できればポスター化。ルールとして打ち合わせ時に活用しましょう。**基調色1色のみで商品の印刷物はできないし、全ての文字がその色だったら気持ち悪いです。**チラシなどにメリハリを付ける際、基調色以外の使える色も必要になってきます。**が、そこも風任せにしません。ブランディングの世界では、あらかじめ使っていい色を決めておくのです。さもないと色々な色が使われ悪い意味でカラフルになること必至です。

脱・安売りを望んでいるのに
大特売みたいな色使いはＮＧ

ＯＫカラーを先に説明しましたが、反対の「ＮＧカラー」から決める方がはるかに簡単です。ＮＧカラーはお察しの通り、あなたの商品ブランディングで使ってはいけない色です。基調色が軸となる色、ＯＫカラーが基調色と併せて積極的に印刷物などに使用すべき色、そしてＮＧカラーがブランドとして絶対にどこにも使ってはいけない色…、これがおさらいです。右頁よりベターなカラーの事例は本書のカバーに載せました。ＯＫカラー同様、これも系統で5つくらい挙げておくといいでしょう。どのようにＮＧカラーを定めればいいのかは簡単です。ブランドに相応しくない色、イメージに合わない色、基調色とマッチしない色、それらを系統で挙げるだけで問題ないです。もうひとつ、もしもあなたが**脱・安売りを目指すなら「安売りしそうな色」は全てＮＧカラーにする**ことです。価格競争を抜け出したいとクチではいうものの気を配っていない会社は多いです。

商品としての基調色

SHOWCASE

火を消すモノでも飾りたい

**ひとり暮らし向け消火器
SHOWCASE の基調色**

DIC-50	DIC-146

OKカラー 積極的に印刷用などに使う色

NGカラー ブランディング上使用してはいけない色

※カバーの折ったところ（後ろ側のそで）にカラー（4色）で紹介しています。
　参考にしてください。

第 **6** 章

——

ブランディングとしての
パッケージ＆印刷物

パッケージのデザイン次第でその商品は複数買われる

パッケージも含めて商品と考えないといけない

「パケ買い」という言葉があります。数ある商品棚にある選択肢の中から「パッケージのデザインがいいから」と思わず手に取って買ってしまう行為のことです。「マーケティングの4P」はビジネス書によく出てくるので、ご存知だと思いますが、ブランディングの場合は「5P」といってもいいくらい。プロダクト（商品）、プライス（価格）、プレイス（流通）、プロモーション（宣伝）の他にも「PACKAGE」が重要なんです。業種・業態・商材によっても商品の梱包や容器が必要かどうかは違うと思いますが、パッケージに関する新しい発想を、ここからしばらく一緒に見ていきましょう。パッケージをつくるとか、デザインするとかに限った話ではありません。あなたの商品がエコ関連商品だったり、会社のポリシーとしてゴミを減らしたいということだったりするなら、パッケージをつくるのをやめるか簡素化するのも、またブランディングといえます。

人口が減りゆく日本ではすべてをギフト商材に

パッケージまでも商品と考え、そのデザインにこだわりたい理由は日本の人口減少にあります。ひとりの新規のお客さまを獲得するには今後どの業界も苦労することでしょう。そんな世においては客単価アップやリピート率の向上が売上の維持のためには重要。パッケージがいい商品はギフトに使われる可能性も大。**自分のために買うと同時に「ついでに○○さんにも買っていこう」と思わせることはパッケージデザインが得意とするところ。**商材・業態によって、この話が当てはまらない場合もあると思いますが、商品そのものではなく「人へ贈るギフト券」や「お客さま紹介カード」のデザイン性向上などトライできる範囲で、どうかこの内容を応用して貰えればと思います。右頁は群馬・四万温泉の〈柏屋旅館〉がロビーの売店で販売していた石鹸のパッケージのビフォア／アフターです。お金をかけず工夫だけで梱包を変え、約5倍の売上UPを記録しました。

パッケージがいい商品は、ひとりのお客さまが複数買っていく

BEFORE

AFTER

BtoB商材の場合パッケージが不要なことも…。本書では納品時に使う段ボールにも 132 頁で触れています。

STRATEGY 02 | 容器やボトルは ラベルのデザイン勝負

中小企業はゼロから ボトル・容器を開発できない

この本の読者にはコスメや食品関連の方も多いと思います。なので、パッケージといっても紙の外装ではなく容器・ボトルなどから始めましょう。ゼロから金型をつくり、右頁のようなオリジナルなボトルを開発できる資金力がある中小企業は稀です。ですので、既製品のボトル・容器を使いながらのブランディングを、ここでは紹介していきます。「ブランディングとは差別化のこと」であり他社と異なることをするのが絶対なのに、ライバルとは同じ既存のボトルとは、ここは悩みどころです。でも、かえって条件的な制限もあり、いいブランディングのドリルでもあると思います。いずれにせよ**商品名のロゴをラベルとして貼り、ハイ終わりなんて退屈なことはやめましょう。アイデアなんて無限大です。**右のように斜めにロゴ＋メッセージをシュリンクにして貼るとか、複数バージョンがある商品なら単に数字だけ入れるのもクール。ここは楽しんだもの勝ちです。

白黒の写真を使って ラベルをクールにする方法

万能かつ簡単な容器・ボトル類のデザイン向上テクニックをお伝えします。それは「格好いい白黒写真を使ってのラベルづくり」です。右頁が例。これだけでブランディングされている感が格段に増しますね。白黒写真の一部のみカラーにするのもナイスです。写真は何でも構いません。商品をつくる職人の手のクローズアップも格好いいし、素材の産地のいい風景でもハマると思います。レトロな写真を買ってきて使うのも楽しいでしょう。写真は、たとえば〈シャッターストック〉と検索すれば、世界中の素敵な写真を権利含めて安価で買えます（また142頁で詳しく）。**写真を使うなら挿絵的にではなく可能な限り大きく使います。写真を主役にしないとインパクトが生まれません。そのため文字を載せたければ写真の上に文字を載せるのが正解。**文字は極力アルファベット。日本語ほとんどなしで！

購買意思決定の8割は
女性によるもの

オーガニック感を出していく
それだけで好印象

容器やボトルのデザインを考える上でのヒント、もう幾つかシェアします。老若男女問わず健康志向になった今ひとつの候補として挙げたいのが「オーガニック感」のあるボトル。**健康のみならずオーガニック感がある容器からは環境に配慮している印象も受けます。**では、オーガニック感は、どう出すのか？まずは総体的にシンプルにすること。文字をたくさん載せるのはＮＧです。もし文字を印字するなら、その一部を手書きっぽいフォントにすると自然派な雰囲気がより出ます。そして、ラベルをナチュラルな生成（きな）りや再生紙っぽい紙にするのです。砂糖と同じです。真っ白な砂糖より茶色がかったシュガーの方に人はオーガニック感を抱きます。世の中には商品としての印象をよくするために、中身が健康や環境に完全にいいわけじゃなくてもオーガニックっぽく見えるボトル・容器は多々存在します。明らかに騙すのはアウトですが、ひとつの手法ですね。

全て女性がピンクや花柄を
求めてはいない

女性向けの商品のブランディングをしているのに、なぜか会議室には男性だけ…、これはよく見る光景です。ましてや商品ブランディングは「20代女性に向けて…」なんてザックリな話をしているわけではなく、ペルソナが徹底的に喜ぶ商品づくりをしていくのですから、ここを男性だけで乗り切ろうとするのはマズイです。男性だけで話し合うと、すぐに「ピンクにしよう、花柄にしよう」となりがちです。でも、女性も層によっては、そういうものを求めていません。クロやスカル柄が可愛いという人もいるのです。なので、ここは**ポスター化されたペルソナを軸に女性もチームに加えて容器のアイデアの深掘りを。**色やデザインのみならず使い勝手や持ち運び、商品を置く場所までも話し合う勢いで。たとえ、あなたの商品が女性向けではなくても**先進国における購買意思決定は直接的＋間接的を合わせて8割が女性によるもの。女性の意見なしは"なし"**です。

男性の方が車好きといっても、ファミリーカーの選択に影響力のある意見をいうのは奥さま。購買意思は女性が握ってます。

シンプルであるほど ブランディングされた感じに

デザインは付け足しより 削ぎ落とし

商品のいいところをアピールしたくて、ボトルや容器に文言モリモリという会社は多いです。でも、ブランディングは最小限の言葉とイメージで売るのが基本形。多く語らずとも手に取って貰うには一体どうすればいいかを考えていきましょう。その姿勢を表す合言葉が「付け足しよりも削ぎ落とし」です。**随所チーム内で意見を交わし、シンプルだけど美しいオーラを纏ったボトルや容器に、ぜひ着地を！** その好例は〈無印良品〉かもしれません。〈MUJI〉の外装パッケージを含めたボトルや容器は常に美しく、世界の人を魅了しています。右頁に、その〈無印良品〉の商品と同じく、シンプルに削ぎ落としたデザインのブランドの事例を載せてみました。米国には「KISSの法則」というものがあります。『Keep It Simple,Stupid!』の頭文字で成り、その意味は**「シンプルにしとけよ、お馬鹿さん」**ということ。そう、複雑にすると怒られるのです。

付け足すとしたら 商品への思いやストーリー

付け足しよりも削ぎ落としといいながら、**できればこれは付け足しておいて欲しいです。それは"創業者やつくり手の想い"です。**会社単位で発するストーリーではなく、個人が語っている体で手書きのサインや語り部の顔のイラストで演出するのが最高です。内容は商品開発秘話や描いている未来のこと。なるべく150文字以下でまとめましょう。読んだ人が「いいな、これ」と思え、このストーリーによって商品の価値が数％でも上がれば、それで目的達成です。実際、アメリカの食品系のパッケージに"つくり手の想い"は多く見られます。そのストーリーは「…という商品を探していたけれどなかった。だから自分でつくった」という創業的なものが多く、起業大国らしいです。でも、それが応援も含めて購買意思決定に導くことは少なくありませんし、**知らない会社の商品でも顔付き・サイン付きだと信頼感が増します。**その写真は161頁で。

他業界のパッケージを用い
自分の業界で抜きん出る方法

陳列棚で目立つ
パッケージの新発想

「ブランド戦略＝目立つこと」、こういう見方もあります。目立てばお店で手に取る人は増えます。店頭で目立ちそうと思えば、その商品を仕入れるバイヤーも現れます。そこで**簡単に目立つ商品をつくるためのヒントを、ここに。それは「他業界で使われている何か」**を、あなたの業界で用いること。右頁は独自開発のアミノ酸を処方したシャンプーブランドの〈アミノメイソン〉。このボトルデザインは従来型のシャンプーとはかけ離れた、食品の世界で使われている容器であるジャーを彷彿とさせます。斬新です。ショップでも常に目立っていますし、そのユニークさから思わず手に取り購入した人は少なくないはずです（私もそのひとり）。どんなに中身が良くても、これがヘアケア商品の常識範囲内のボトルだったら、私はお店でスルーしていたかもしれません。もうひとつはドイツの靴ひも。同じ類のアイデアで、そのパッケージを試験管風になっています。

今をときめくブランドは
ここまで考えている

パッケージやボトルの話が続きましたが、最後にご紹介したいのが〈O' right〉という台湾のヘアケア商品のブランドです。その理念、活動、デザイン、商品力、はたまた本社のつくりで世界から注目とリスペクトを集める企業です。ちなみに〈オーライト〉では自分たちの本社を「グリーンヘッドクオーター」と呼んでいます。そんな**環境保全を心底考える彼らの哲学が詰まったシャンプーボトル**について少しだけ…。右頁の写真のボトルは野菜や果物から抽出したデンプンでつくられ、キャップには成長が早い竹を使用。**100％生分解性で土に埋めれば１年で土に還ります**。が、驚くのは、まだ早い！ このボトルの底には種子が入っており、**仮にユーザーがボトルのままポイ捨てしたとしても、１年後には土に還るどころか種子が発芽し、その土地に木として根付く**というアイデアでつくられているのです。今をときめくブランドの素敵な発想と徹底力です。

STRATEGY 06 | 商品の価値を上げるために 明日からできること

商品に関わる地域をも
価値化して見せていく

78頁で単に「Made in どこどこ」ではなく、ブランディングなら「Designed in Brooklyn : Made in Japan.」といった表現で、より価値を感じて貰おうという話をしました。土地にはブランド力やイメージがあるのだから、それを利用するのも手という話は、それ以前の66頁でも語っています。**たとえ知名度が全国区でない土地を冠にしても、つくり手側の発信次第で価値高いものにすることはできます。**たとえばシャープのテレビの〈亀山モデル〉。広告力もあり瞬く間に名は広がり、当時は凄い価値を感じました。が、実際は亀山工場が三重県にあることすら知らない人も多かったのでは⁉ 今現在ならデサントの〈水沢ダウン〉。岩手県は水沢でつくられているダウンジャケットですが、その名の神秘性から世界で人気の商品になっています。梱包を考える上で、ぜひアイデアのひとつに。高価格帯ですが毎シーズン売り切れ続出の人気商品になっています。

バーコードさえも
デザインする勢いで！

「ブランディングの神はディテールに宿る」。よくコンサルの現場で話すことです。**パッケージの細部まで見てはじめてわかるような配慮や遊び心にまで一生懸命になれるか否かは小さなことだけども、ブランディングの成功に大きく影響します。**その「楽しまそう！ 感動させよう！」という小さな姿勢とアクションが今後接客・印刷物・ＨＰなどにも表れ、積もり積もって他社との大きな違いになるからです。そして、ひとつ**誰でもできる"ディテール"の遊びがバーコードです。**あなたの商品のパッケージにJANコードを付けるなら、そのデザインで遊ぶのも楽しいかも。たとえば、〈コアラのマーチ〉も、よく見るとバーコードで遊んでいます。私が過去に出した書籍のカバーも、そのバーコードで遊んでいます。読み取りを妨げずバーコードだけ専門にデザインする〈デザインバーコード社〉という名の事務所があり、多くの会社はそこに依頼しています。

ブランディングの明暗 境界線はラスト10%のツメ

パッケージや印刷物に ラスト10%のツメを

前頁で示したバーコードのデザインのようなこだわり、**そんな細部でも人を楽しませよう・感動させようという姿勢をコンサルの現場では『ラスト10%のツメ』と呼んでいます。**どこの会社も9割くらいのところまでは、周囲の専門家や協力会社のサポートを受けながらブランディングを完了させることができます。が、明暗を分けるのは最後の1割のこだわり。今お話ししている**パッケージや印刷物、接客やＨＰなど、商品に関わる全ての側面でラスト10%まで仕事がツメられているものが最終的にはブランドとして世から支持され成功すると**過去の経験からいえます。細かなこだわりなんて実は10人にひとりしか気づかないようなもの。でも、逆にお客さまが気づいた時のことを想像してみてください。「すごい！ これバーコードまで、こんな風になっているよ」とネットで発信したり、クチコミしたり、何より普通のお客さま以上のファンになってくれます。

ラスト10%のツメとは 遊び心であり、心配り

「ラスト10%のツメ」の正体とは？ 既に出てきた"こだわり"や"遊び心"という理解で間違いありませんが、もうひとつここで加えたいのが、お客さまへの"心配り"です。右頁下は幼児用食器〈iiwan〉の周辺にある印刷物です。よく見ると、これらは全て角丸になっています。偶然ではなく、わざとそうしています。コストは掛かるけれど名刺にも採用しています。背景には「子ども向けの商品だから、子どもが近くにいるはず。子どもに紙で手を切って欲しくない」という心配りがあります。実際は要らない心配かもしれない。でも、この角丸の秘密が卸の営業時や小売店での接客時で話題に挙がると聞き手はちょっと感動してくれます。ちなみに名刺は4色あって、それは商品の色展開と同じ数。各社員が全色の名刺を常に持っており、名刺交換時には「どれがいいですか？」と聞きながら渡すのがルール。こちらは"遊び心"の方のラスト10%のツメです。

ラスト10%のツメは営業の現場やメディアに語るポイントとなります。知的なイタズラを細部にも仕掛けていきましょう。

STRATEGY 08 | あくまで美しく 売り場の面積をとる

コレクション性・連動性
はじめから計算してデザイン

容器やボトルから外装パッケージに話は移りつつありますが、あなたの商品が小売店でたくさん並ぶように一緒に考えましょう。あなたの商品が小売店のフロアや棚で面積を広く貰えれば貰えるほど商品は目立ち、手に取られる可能性は高まります。だから最初から計算したいのは「複数並べた時の美しさ」です。**お店側も思わず「なるべく多く並べたいね」と思わせるデザインを、ひとつ考えてみましょう。**最近ならば明治のブランド〈ザ・チョコレート〉が小売店の棚で目立っていますが、これはまさに並べて美しいデザインの好例。お店側も並べるのを楽しんでいるのがうかがえます。フレーバーやバージョン違いの商品がなくても大丈夫です。たとえば花柄模様時代の〈クレラップ〉のパッケージを覚えていますか？ あれは1種類の商品ですが並べることでひとつの大きな画になるというデザイン。右頁の例のように組めば意外と簡単にできるテクニックです。

段ボールにまで
気を配ってこそブランド

「段ボールは立派な広告媒体」。こう講演で話すとウンウンとなりますが実際クールな段ボールをつくる会社は10社に1社くらい。もったいない。配達中も在庫として積み上げている時も段ボールは看板の如く目立つのに。**"他がやっていないことをやる"はブランディングの基本姿勢。他社が段ボールに力を入れていないなら我々はやる、でいきましょう。**エコ時代には最初からリユーズを促すと印象はいいです。タコの〈小沼源七商店〉はタコの受け取り後はCD入れとして使う提案を、こんな段ボールでしています。岩手県・盛岡のクラフトビール〈ベアレン〉は岩手の名所や名物をアイコニックに散りばめた段ボールが可愛いです。一気に岩手県民が誇るビールに育ったのも、こうしたラスト10%のツメがあるから！ サービス業の事例もひとつ。山陰の引越・物流の〈流通〉は段ボールの色を活かしつつ白でプリントしており、支持率＋保存率が高いです。

ブランディングは
写真力で大きく変わる

商品の写真は
絶対にハイクオリティに

商品ブランディングで絶対注力すべきことが商品の写真です。高いクオリティの写真さえあればHPやパンフレットをつくるデザイナーも大助かり。商品(物)の写真を撮ることを"ブツ撮り"といいますが、単にスタジオで影や光や背景を整えて撮るだけではなく、**あなたの商品の質感がわかるような接写、その商品が使われる空間・状態・ユーザーが使用中のもの、そしてつくり手と共に製造の過程など、あればあるほどいいです。公式写真はコストを掛けるべきところ。**スマホで済ますべきところじゃないです。あなたが扱う商品が何であっても"業界一カッコイイ写真を使っている会社"を、ぜひ目指してみてください。たとえば、それがプロパンガスのような気体であってもブランディングを大事にする福島のアポロガスならば右頁のように写真を撮ります。普通のガス会社なら「プロパンガスを格好いい写真で…」なんて会議室で挙がってこない話題です。

今さら聞けない
商品のブツ撮りの段取り

フォトグラファーにもデザイナー同様に得手不得手があって人物撮りが得意な方、景色が得意な方、モノを撮るのが得意な方と分かれます。"モノを撮る"だけ取ってもシズル感たっぷりに料理を撮るのを専門とする人、高級時計やジュエリーなどの輝きを引き出す人、自転車・自動車など乗り物を魅力的に撮る人など、更に枝分かれします。とりあえず、ここは**商品ブランディングなのでブツ撮りが得意な人、少なくともその経験がある人を選択しておきましょう。**また検索すればレンタルスペースとしての"ブツ撮り専用スタジオ"もあり、そこにはカメラやライト、きれいな背景の用意があります。多くは自分で撮るセルフサービス制ですが、社員にブツ撮りができる人がいるなら、こういったスタジオの利用もアイデアです。もしも盛んにネットでの販売を行うなら、このブツ撮りスタジオのようなスペースを、あなたの職場にもいっそのこと常設しましょう。

写真のクオリティを 高いところでキープ

世に出る商品の写真は そのトーンも揃えること

スマホの写真を編集機能でエフェクトかけると明白ですが写真にはあたたかさや冷たさがあります。それ以外にも "青みがかっている" とか "全体的に黄色っぽい" など色味の比率や、ボケ感にも強弱があります。こういっ**た写真の表情や雰囲気のようなものを「トーン」といいますが、あなたの商品に関する写真の場合、それらを統一してください。**あなたの印刷物に載る写真 1 枚 1 枚のトーンがそれぞれバラバラだったら、ブランディングしている感じを受けません。でも、残念ながら多いです、そういう会社。「そんなに細かく見てるの、お客さまは !?」と思われるかも。たしかに、いちいち見てはいないです。でも、感じています。**「何かいいな」と思わせる写真たちは、やっぱり揃っているのです、トーンが。**これは東日本大震災後に岩手県内で多々貼られた復興のためのポスターシリーズ〈復興の狼煙〉。コピーのみならず、そのパワーは統一されたトーンからきています。

印刷物のみならず 日々のネットの発信でも…

上記は印刷物に関してのお話ですが、**あなたがSNSで日々アップする写真のトーンも頑張って揃えて欲しいです。**単純なルールで構いません。子ども向けの商品なら「柔らかなトーンの写真のみアップしよう」という具合に。あらかじめ写真を加工するエフェクトの種類を決めておき、それでフィルタをかけた写真のみアップOKとルール化すれば誰でもできる簡単な話です。もう少し高度にいくなら、たとえばブルーを基調とした商品。全ての写真のどこかに "青の何か" が入るようにし、さらに写真全体に青みがけた加工をしてアップするのをルール化。ある程度続けたら気づく人は気づきます、そのトーンへの配慮に。スマホネイティブな今の高校生たちの方が "トーン揃え" は自然とできていたりします。実際、私がブランディングを授業で教える第一学院高等学校の生徒たちは、教えてもいないのにSNSでの発信時は写真のトーンを編集し整えています。

前よりいい町にしてやる。

大笑いできるその日まで。

しおれてちゃ男がすたる。

余計な言葉は無くていい。

埃も泥も、思い出にする。

チョー悲しくなんかない。

打合せでトーン＆マナー（トンマナ）という話が出てくるはず。
トーン＝質感、マナー＝雰囲気。要は"らしさ"です。

商品そのものの写真の他に あると便利なこれらの写真

商品にまつわる イメージの写真が仕事をする

商品のウェブサイトやＳＮＳ、リーフレットなどの**印刷物に必要なのは商品そのものの写真や製造工程のシーンだけではないです。商品に関連したもっと広い範囲でのイメージ画像がブランディングでは必要です。**たとえば、あなたの商品がつくられている地域の風景。近くの木々や山々を写真でお客さまにも感じて貰える写真があったら素敵です。右頁は化粧水をボトルに充填する機器などをつくる〈NAMIX〉の社屋と周辺の風景の写真。港の印象が強い横浜を拠点としていますが、会社のまわりはのどか。こういった写真を商品カタログなどにインサート的に使えば、お客さまはより商品や会社のイメージを膨らますことができます。**商品の写真ばかりで「どうだ！」とやるよりもイメージを大事にするのがブランディング。**いくら文言で「凛とした空気と澄んだ水でつくりました…」などと語るよりも、それを写真で見せてイメージしてもらうことが大切です。

つくり手や開発者の顔 そして仕事姿もカッコよく

商品のつくり手の仕事姿や商品開発者の顔もクールな写真で発信していきましょう。職人の方たちは被写体になることを恥ずかしがる傾向にありますが、それ故に格好いい写真が撮れたら他社とは大きな差別化に。頑張って右頁のような写真が撮れるとベストです。火花のものは福井の鉄工所でオリジナル商品も製造・販売する〈291アイアンワークス〉の職人です。文字通り"つくり手の手"の接写も相当いいです。白黒やセピアにすれば更に渋い感じに…。開発者の写真は正面＆カメラ目線ではなく"インタビューシーンの切り取り"のようなものが向いています。作業着ではなく、ここは白いシャツや黒のカットソーなんかを着て、背景と光も、いかにもスタジオで撮った感じにするとなおいいです。白や黒の服と背景にすることにより見る人に余計な情報を与えない、これが大事です。**純粋に写真から開発者の愚直さ・真摯さを感じてもらいましょう。**

ナミックスの社屋と、その周辺の写真

291 アイアンワークスの職人の写真

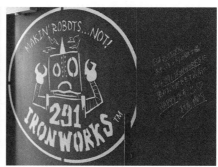

年1回フォトグラファーを職場や製造の現場に呼び、1日かけて格好いい仕事姿や周辺を撮影して貰うといいでしょう。

ユーザーの写真が
拡販には一番

ユーザーの写真が
ちょっとした憧れになる

商品ブランディングで欠かせないのは“あなたの商品のユーザーの写真”です。でも、よくカタログで見るような単に商品が人に使われているシーンではなくブランディングなら一段上のレベルの写真を。**欲しいのは、あなたの商品を“いいシチュエーション”で使っているユーザーの写真です。**ここでいう“いいシチュエーション”とは空間だったり、時間帯だったり、ユーザー周辺の人たちなどのことです。もちろん、その商品を使っているユーザーは、あなたの商品のペルソナそのものというモデルが理想です。幼児用食器〈iiwan〉の場合は、右頁のようにこんな写真を揃えました。狙うべきは写真を見た人に「いいなぁ。私も同じようにしてみたい」と思わせること。ブランディングとは商品を特別なモノに見せるチャレンジです。**商品＋ユーザー＋使われるシチュエーションの写真が、見る人にちょっとした憧れと映るようにすれば、いい写真が撮れます。**

これらの写真だけで
外国人が商品を理解できるか？

商品ブランディング上、あるといい写真の類を紹介してきました。全てが揃っていたとします。更にアルバムのように並べ、それをウェブでも冊子でもいいので散りばめたとします。ここで質問です。あなたの商品のことを、日本語が分からない外国人が見ても理解できますか？ 写真だけ見て、あなたの商品の価値や他との違いを、イメージだけで「何だかいいなぁ」と、その外国人に思わせることができますか？ **ブランディングは“好印象の演出”。そして、それを文字ではなくイメージで行うものです。だから一番いいのは「写真とパッケージだけで、それが成立していること」です。**26頁では「ブランディング＝総合的なコミュニケーション活動」のようなものともいいました。あなたの商品の買い手は外国人ではないかもしれないけれど、外国人に言葉を使わずによさを伝えられたら、日本人になら老若男女問わず、なおさら強烈に伝わるのは間違いありません。

商品が実際ユーザーに使われている写真を発信

外国人が見ても商品の価値がわかる写真を発信

漁師さんも海も製造現場も
きれい！ きっとクリアな
味のダシなんだろうね…

商品ブランディングにおいて良質な写真はあればあるほどい
いです。印刷物だけでなくＳＮＳなどの発信でも使えます。

写真力の補強
足りない写真は買ってくる

イメージ写真をもっと
世界中から買うことも可能

商品を上手に伝えるための写真がまだまだ足りないと思ったら、**今の時代は世界中から5分で集め購入することができます**。〈シャッターストック〉や〈アマナイメージ〉といったサイトが、そういった場面で便利です。まずは、ぜひ検索を。たとえば〈シャッターストック〉。写真を購入するためのプランは幾つかあって、まず基本として写真を選んで、その1枚に対し使用料を支払うもの。この本を書いている時点では1枚数十円〜1500円程度です。また月額で契約する手も。最も人気な月間350枚までなら好きな写真を好きなだけダウンロードできるという契約があり、それも決して高くはなく22,000円(月)です。ちなみに**イラストも日本では見られないようなタッチのものも世界から揃っていて、それも使用可**です。ライセンス(版権)については写真によりまちまち。写真ごとに説明がありますが、多くのものは自由に使えますし加工も可能。右頁に事例を載せました。

写真の検索にコツ
例えばこんな探し方……

〈シャッターストック〉には20万点以上の写真・イラストが毎日追加されます。いいものがいっぱいですが、そんな写真に辿り着けるかは、そのサイト内での検索のセンス次第です。あなたの商品がオリーブオイルだとします。スペインの生産地へ出張したものの、そこで自分が撮った写真はイマイチ。帰国後につくるはずだったリーフに載せられるレベルのものがない! …という時には〈シャッターストック〉の出番です。「スペイン オリーブオイル 畑」なんて検索で、わんさか写真が出てきます。でも、138頁でやったように、あるといいのはイメージ写真。「スペイン オリーブオイル…」の後に「搾油」とか「農家 手」などの言葉を入れ更に絞った検索を。ちなみに**米国のサイトなので英語による検索の方が正確かつ数多く写真が出てきます**。右頁は福岡のすこやか工房が輸入・販売を行う〈オリーブハート〉。スペイン産。買った写真とミックスしても違和感ないですね。

スペイン　オリーブオイル　畑

oli♥eheart®

ACEITE DE OLIVA VIRGEN EXTRA

購入した写真を使用する際に購入元のクレジットを出すかどうかの指示などは、その購入元のルールに従ってください。

STRATEGY 14 | ブランディング上 モデルをどう考える？

外国人を使うか？ 日本人を使うか？の議論

「モデルを使うなら外国人か？ 日本人か？」という話もチーム内に出てくると思います。海外展開やインバウンドを狙うなら外国人モデルの起用もいいですね。でも、商品ブランディングで何事においても常に立ち返りたいのがペルソナ（と商品コンセプト）。**商品を買って欲しい"まんま"の層をモデルに起用し、その写真や冊子を見たお客さまに「これは自分向きだ」と思ってもらう、これがまずブランディングで押さえたい基本形です。** それを経験した上で外国人やユニークなモデルの起用といったヒネリあるステップに進みましょう。「芸能人やプロアスリートを使うのは？」と思う方もいるかもしれません。その額やリスクを背負えるなら、それもアリはアリ。ダメなんて理由はないです。でも、この書籍のひとつの目的はブランディングを広告代理店やコンサルに丸投げするのではなく御社の血肉・得意技にすること。まずは基本形をマスターすること！

モデルを使うなら それ自体も話題に使う

中小企業の商品ブランディングならモデル事務所にリアルなモデルをお願いしなくてもいいと思います。中小企業は大手に比べメディアの露出や広告の資金が少ない分、**「いちいち話題づくり。いちいちニュース起こし」という気概が大事。ここはなるべくアイデアで打破しましょう。** たとえばモデルも地域から公募することで宣伝も兼ねられます。商品ではなくサービスですが、右頁上は鳥取の引越会社〈流通〉が新ＣＭのモデルとして地元から数ファミリー募集した時の募集記事。これだけでもリリースを撒けばニュースになったりするものです。また**会社として「常にスタッフをモデルにする」というのも何かとお客さまの間で話題になります。** 心配？ 大丈夫！ 右はトマトジュースを商品化した高校生たちが自ら広告モデルになった例。これが完成イメージ！ 同様にデンマーク発の雑貨店〈フライング・タイガー〉も出てくるモデルは全てスタッフです。

広告のモデルを地域から一般募集する方法

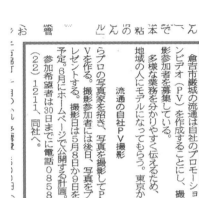

スタッフをモデルに起用した事例

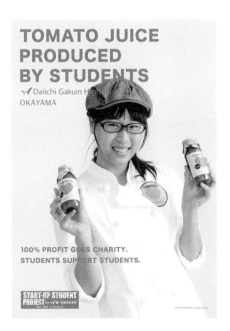

商品ブランディングの過程で
準備したいルックブック

アパレル業界の常識を
あなたの業界でも

他業界では普通にやっていることを自分の業界に取り入れるだけで「新しいね！」といわれるケースは、よくあります。ここまでクオリティの高い写真についてずっと学んできましたが、そこで**揃えた写真をまとめて「ルックブック」をつくるといいかもしれません。ルックブックとはアパレル業界では各ブランドが今や常識として用意するもの**。ひとことで表現するならルックブックとはカタログの進化系のようなもの。その形態は紙で小冊子化されている時もあるし、ウェブサイト上にPDFファイルやページとして披露されている場合もあります。商品自体の説明文やサイズ表などは載っていません。多くの場合は価格も載っていません。要は**商品を使って撮った写真がまとまったブランドとしての写真集のようなもの**です。右頁は佐賀・諸富を拠点とする〈東馬〉が展開する武骨な家具ブランド〈UP TOWN〉のルックブックの一部です。

面倒くさい？
すでにあなたはつくっています

〈UP TOWN〉のルックブックを見ても、どれが商品だか、それが幾らかも分からないので「今すぐ買おう」と販売に即つながるわけではないでしょう。でも、多くの方は美しい写真の数々に「いいなぁ、素敵。こんな風に自分の家でもしたいな」と、ある種の憧れを抱くと思います。それ正しいです。それがルックブックの役目です。**ブランドとしての世界観を伝え、今すぐじゃなくてもジワジワとファンになって貰う！** ぜひ、あなたの商品でも、できそうならつくりましょう。えっ？ 面倒くさい？ いやいや大丈夫。**ここまでの話に従って写真を揃えたら、半ばあなたのブランドのルックブックは完成している**ようなものです。まとめて、ページ割を決めて、後は冊子にするか、ＷＥＢでの公開にするか程度を決めるだけ。ましてやインスタをやろうとしているなら、それもいいけれど一歩進めてルックブック！ ブランディング感が増します。

家具ブランド〈UP TOWN〉のルックブックより

第6章　ブランディングとしてのパッケージ＆印刷物

STRATEGY 16 | 印刷物も商品の大事な印象

ブランディングとしての印刷物の考え方

写真の話が続きましたが、ここからは印刷物についてです。ペーパーレス時代といわれて久しいですが、それでも減らないビジネス界の紙…。パンフレット・リーフレット・1枚ペラのチラシ・ポスター・名刺・小冊子に営業資料、商品のローンチ時には今も何かと「紙頼み」になります。繰り返しでもありますが、先にポイントをお伝えすると「**ブランディングなのに文字いっぱいはNG。ブランドと呼ばれる商品はイメージでよさを伝えていく**」です。写真の話題を先にして今こうして印刷物全般の話という流れなのも「イメージ（写真）が主役。そして大事」だからです。更に一歩先の発想もあり、たとえばあなたの商品がエコ関連のものならば、ここは「なるべく印刷物をつくらない」というブランディングの方法もあります。また、あなたの商品が先進的で未来的な何かなら「QRコード＋スマホだけで済ます」というNO紙媒体への挑戦もアリです。

デザインだけではだめ紙質まで矛盾のないように

デザイナーからいいデザインがデータとして納品されただけで安心するのは早いです。**商品ブランディングでは、それをどんな紙に印刷するかまで気を配ります。紙質からも受け手は印象を受けるので、そこも商品コンセプトに反することなく徹底するが基本です。**たとえば、あなたがブランディング中の商品がエコ的なものなのに、その関連の印刷物がテカテカの光沢紙に印刷されていたら"らしく"ないです。生成りの紙だったり、ザラっとした再生紙っぽい紙の方がトータルのメッセージとしてエコであることが伝わります。せめて光沢ではなくマット感のあるものにしておきたいです。同様に子ども向けの商品なのに夜の歓楽地の香りがするような紙質の印刷物はおかしいし、高価格帯の商品なのに極端に薄い紙も違和感は否めません。紙質も含めてデザイン。紙質までも商品コンセプトに矛盾していないこと。そこまでデザイナーとツメましょう。

エコ商品の印刷物なのに "らしく" ない!?

OK

ポスター

OK

カンバン

リーフレット

OK

NO!

チラシ

印刷物の内容がブランドの世界観を伝えるだけではなく、その質感・触感も同様に受け手にとって印象となるのです。

印刷を頼む会社を選ぶ これもブランディングのうち

今付き合いがある印刷屋 そこから抜け出す勇気を

ブランディング上の印刷物の話をしている以上、印刷屋さんのことにも触れたいです。もしこうして紙質までこだわろうとしているあなたの仕事に「こういうのもあります」「こんなのどうですか？」と更に提案を上書きしてこない印刷屋さんなら、それはブランディングのパートナーとして相応しくないかもしれません。ブランディングを勉強している営業担当やデザイナーが在籍している印刷会社なら何の問題もないです。が、過去の経験からも意外といるのです、「そんなのできません」とか「そんなのやっても無駄です」と御社のブランディングにブレーキをかける印刷屋さんの担当が…。紙の箱とか袋などの協力会社を含めていえることですが、**共に成長しようと印刷屋さん（の担当）、予算の範疇であなたのしたいことを同じ熱量でカタチにしようと考え行動してくれるパートナーとの仕事がブランディングでは必要です。**今の印刷屋さんはどうですか？

ネット入稿の印刷屋さんと リアル印刷屋さんの使い分け

印刷物もクオリティを追求するものと、そうじゃないもの、あるいは特殊なもので、**その発注先を使い分けるとコストダウンになります。**イベントのお知らせや小冊子のような“ばらまき系”の印刷物ならネット入稿する印刷屋さんの利用をオススメします。ＴＶコマーシャルでお馴染みの〈プリントパック〉が、その代表格。ネット入稿でも、よりオシャレ感を求めるなら〈グラフィック〉。また高級感の演出には箔押しというテクニックも駆使するといいかも。その際は箔押しの機械を持つ印刷屋さんを見つけ、そこに頼むこと。さもないと箔押しができる印刷屋さんにまわされ余分なコストがかかることになります。箔押しはエリア的に金沢界隈が得意。たとえば石川県白山市の〈太田印刷〉は箔押しでイチ推しです。いずれにせよ**得手不得手を見極め、印刷物の力の入れ具合に応じて印刷屋さんを選択。**経験値向上のためにも楽しみながらやってみましょう。

この挑戦を共にしてくれる街の印刷屋さんを

そんなの、たことないし、そんなのんダです、無料！

ブランディングなんで、こだわっていきたいのですが...

ネット入稿する系の 印刷屋さん

Merit

・安価(急ぎだと割高になるところも多し)
・打合せなどが必要なく時間を省ける
・年間通じて大きな経費削減の可能性
・ネットで見比べ最安値を選択できる

リアルな街の 印刷屋さん

Merit

・紙質を事前に確認することができる
・印刷前に入稿ミスなどを確認できる
・印刷屋さんが地域に宣伝してくれる
・地域付き合いの際に気まずくない

印刷業界の集まりで基調講演などもさせて頂くことは多いですが、現在進化中の街の印刷屋さんは多々。逆襲が楽しみです。

印刷物には文字
そこにもルールを設ける

商品のイメージに合う
基準フォントを設定

「冷やし中華はじめました」と中華料理店の貼り紙で使われる印象が強いので、これを私は"冷中フォント"と呼んでいます。この"冷中フォント"を使って高級外車ディーラーが「週末はお近くのメルセデスへ」と折り込みチラシを入れてきた記憶はありますか？ 多分ないと思います。それは"冷中フォント"がポップで軽く、価格帯も安い感じだからです。ドイツ車のプレミアムブランドには合わないから彼らは使わないのです。あなたの商品も同じです。印刷物のフォントも自由勝手、その都度の思い付きにするのではなく、**ブランドとして使用可能なフォントを幾つか予め定めルール化すること。それがないとフォントが原因で商品ブランドとしてのイメージが崩れることもあるのです。**選び方は当然ペルソナや商品コンセプトに合うものを。が、特殊なもの過ぎるとＰＣの互換性から文字化けの原因になるので注意。明朝系・ゴシック系というルールでもＯＫです。

社内プレゼンや
協力会社への文書にも徹底

ブランディング中の商品の"基準フォント"を定めたら、それはお客さまに向けた印刷物などだけに適応ではありません。社内プレゼンやＢ to Ｂの営業プレゼン、協力会社に対する文書などでも同じように基準フォントのみを使用して資料づくりを。**ブランディングは「ルールを決め、ルールを関係者全員に守ってもらう」というアクションが伴います。**今後、商品の卸先である小売店や協力会社にも「ブランドイメージの維持のため文書などで使用するフォントは○○でお願いします」というアナウンスをしていく立場のあなたが率先してルールを破っていては、この先見通しは厳しいです。こうして**対内的な文書にも発信者である我々が基準フォントだけを使用すると、おのずと商品の"らしさ"や"世界観"**の浸透が関係者間で早まります。逆に怠るとどうなるか？ 商品に関わる各人・各所は好き勝手なフォントでＰＯＰやチラシをつくり始め、苦労が増えます。

このようなフォントで高級車ブランドから折り込みチラシが入ってくることはない。

LIVE, LOVE
AND DRIVE!!!!

週末はお近くのディーラーへ、
キャンペーンやってます！！！！

9/13（金）〜 15（日）

週末感謝祭
フェア

フォントも、また印象。文章のみならず、お客さまは使用されているフォントからも商品のイメージを受け取ります。

文章の語り口はブランドに合っているか

商品のイメージやペルソナに合わせた文体

「お客さまは神さま。だから常に最高に丁寧なコトバで」は必ずしも商品ブランディングの世界では正解ではありません。たとえば〈アップル〉のＴＶコマーシャルのナレーションで語られるコトバ使いを思い出してみてください。思い出せなかったらアップルのホームページを見てみましょう。アップルは全ての文章や語り口調を"フレンドリー"な感じにしています。お友だちにいいものを紹介するように自然な語り口で商品やサービスのことを伝えています。それがアップルのイメージに見事に合っていますし、それを「お気軽過ぎる」と怒る人もいないと思います。ここまで考えるのがブランディングです。だから、**商品のコンセプトやイメージ、ペルソナに合わせ、あなたも商品ブランディング上貫くべき文章の語り口調を、ここで決めてしまいましょう！ アップルなら「お友だちに語るようにフレンドリーに」**です。あなたの商品の場合は？

よく使うコトバの表現方法を決めておく

あなたの商品の印刷物に載せる文章の語り口と同時に、よく使うコトバの表記もこの機会にルール化です。商品の紹介文を「心を込めて作りました」か「心を込めて創りました」にするかでは受け手の中でイメージが若干変わってきますね。前者は手でつくった小さなものと受け取られるかも。後者だと遺跡のような壮大な創造物を想起させます。たとえば、この商品が子ども向けの何かで、あなたが優しさを重視し「"つくりました"はひらがな表記」というルールをつくったとします。すると、まず関係者は文章を書く際の迷いが晴れ発信がラクになります。統一感も出ます。またお客さま…、この場合お母さまになりますが、ひらがなで表記に親近感＋柔らかさを感じてくれるはず。他にも売り手・つくり手の発信でよく使うボキャブラリーを右頁にリスト化しました。あなたの商品に合う表記を予め決め、更にブランディングを研ぎ澄ませましょう。

企業が発信時に高い頻度で使用する言葉

書き方のバリエーション例

（商品コンセプトやペルソナに合うものを選択・固定）

私達	私たち	わたしたち	ワタシたち	あたしたち 他
顧客	お客様	お客さま	カスタマー	ユーザー 他
社員	スタッフ	キャスト	クルー	フェロー 他
弊社	我が社	わが社	我々	私たち 他
商品	製品	商材	プロダクト	生産物 他
外国人	海外のお客さま	ガイジン	インバウンド	外人 他
しあわせ	幸せ	シアワセ	ハッピー	幸福 他
つくる	創る	作る	クリエイトする	プロデュースする 他
おすすめ	おススメ	オススメ	お薦め	レコメンド 他
オフィス	事務所	職場	本社	本部 他
協力会社	業者	業者さん	パートナー	パートナー企業 他

印刷物・HP・SNS…同じ商品のことを語っているのに表記や文章のノリが違うことがあります。それは避けましょう。

優れた文章も
社会への配慮が低いと台なし

ブランディングするなら
文字数への意識を

リクルートの研究で今の女性は「600字以上のものを読めないし、読まないし、読んでも理解できない」ということが分かりました。男性はそれに対して800字だといいます。つまり、その間をとっても私たちは企業として**700字以上のものを世に発信してはダメなのです。実際それでも文字数が多すぎだと思います。肌感覚では400字**。印刷物でもネットでも400字以上のものを最後まで集中して全て読むということは残念ながら今は稀です。でも、400字以上書かなくてはいけない場合は、どうするべきか？ その時は見出しで区切ります。見出しを付けて、その次に400字…。見出しで400字…、見出しで400字の繰り返し。これがブランディング上つくる印刷物で意識したい文字数です。せっかくのストーリーも読んでもらえなければ何も書いていないのと同じ。この本も1項目は全て400字以内、左頁の見出しは1行13文字以内でできています。

ブランディングするなら
誰も傷つけない表現を

印刷物やネットでの文章ひとつにしても、既に見てきたようにブランディングではやること・考えることがいっぱいです。それらをうまくこなしても、あなたの文章の中で使ったたった1語が、それまで積み重ねてきたものを一瞬で台なしにしてしまう恐れがあります。それは"時代遅れな表現"です。たとえば今企業として"障害者"と書くのは、ちょっと古い印象を世間に与えます。実際に障がいを持つ人に聞くと「どっちでもいい」という人もいますが、今は"障がい者"という表現が一般的です。要は**「誰も傷つけない最先端かつ常識的な言い回しをしよう」**ということです。**その今正しい表現を"ポリティカル・コレクトネス"といいます。**これは日々変化しています。そして日々世間の目は厳しくなっています。あなたの商品に関する発信が、こういったことまでしっかり意識していると炎上を避けられ、最新かつ細心まで気を配るブランドという印象になります。

ポリティカル・コレクトネス一覧

以前の言い回し	現在の言い回し
（アメリカの）黒人	アフリカ系米国人
インディアン	ネイティブ・アメリカン
エスキモー	イヌイット
LGBT	LGBTQ
ホモ	ゲイ
痴呆	認知症
メリークリスマス	ハッピーホリデー
チェアマン	チェアパーソン
障害者	障がい者
スチュワーデス	キャビンアテンダント
看護婦	看護師
保母	保育士
人格障害	パーソナル障がい
外人	外国人
乞食	ホームレス
デブ	メタボ

ポリティカル・コレクトネスは行き過ぎという見方も…。ただ商品ブランディングでは慎重に越したことはないです。

ブランディングに
必要不可欠なストーリー

あなたの商品には
ストーリー戦略が必要

「ストーリー戦略」という言葉、よく聞きますね。でも、その言葉だけがひとり歩きしてしまい、何でもかんでも企業が商品のアレやコレについて語っているケースも見受けられます。また、その中には社史みたいになっていて長い、読みにくい、ポイントが伝わってこない…というものも残念ながら少なくないです。既にお伝えしているように今の時代に長い文章は伝わりません。そもそも文字いっぱいだと読む気にもなってもらえません。でも、あなたの商品のブランディングには絶対に"ストーリー"が必要です。「ブランディング＝ストーリー戦略」という見方があってもいいくらい、あなたの商品には不可欠なものです。が、必要なのは、あくまで効くストーリー。聞いた人が、あなたの商品に特別なものを感じたり、その価格が決して高くないと思えたりするもの。印刷物の章の最後のトピックとして、あなたの商品のストーリーについて考えてみましょう。

ストーリーとは
結局のところ何なのか

「いきなりストーリー？ 用意してない」なんて方に朗報。あなたは既にストーリーを持っています。たとえば名前の由来。込められた想いを公開するだけで人は「へぇ」となり、これまで以上に商品に価値を感じてくれるかも。金沢カレーの〈ゴーゴーカレー〉は55の工程を経て5時間寝かせるから、その名が…。こう聞くと、また食べたくなりますね？ たとえば、商品開発時の試作や苦労もストーリー。軽井沢の定番〈ミカドコーヒー〉のモカソフトは商品開発者がプール1杯分くらいの試作品を食べた末にリリース。なるほど納得の神バランスです。他にも材料に関することや何がキッカケでつくり始めたのか、なぜその地で製造しているかなど、要は読んだ後に「この商品手が込んでいるな」とか「この価格で当然だな」とか「そんな背景があったのか」とか、人があなたの商品を一段上の特別なモノに感じて貰えるもの。その全てがストーリーです。

商品の価値を上げる！ こんな側面にストーリーを！

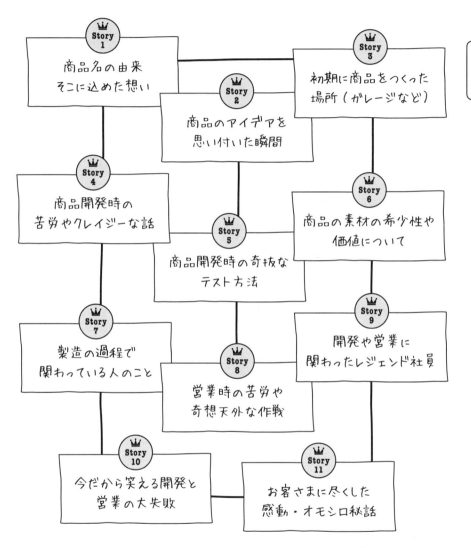

Story 1
商品名の由来
そこに込めた想い

Story 2
商品のアイデアを
思い付いた瞬間

Story 3
初期に商品をつくった
場所（ガレージなど）

Story 4
商品開発時の
苦労やクレイジーな話

Story 5
商品開発時の奇抜な
テスト方法

Story 6
商品の素材の希少性や
価値について

Story 7
製造の過程で
関わっている人のこと

Story 8
営業時の苦労や
奇想天外な作戦

Story 9
開発や営業に
関わったレジェンド社員

Story 10
今だから笑える開発と
営業の大失敗

Story 11
お客さまに尽くした
感動・オモシロ秘話

👑 To be continued

何でもストーリーに成り得ます。ポイントは商品の価値がそれにより上がることと受け手がクチコミしたくなること。

心揺さぶるストーリー
この点に注意して書く

上手なストーリーは
ここを外してはダメ

商品ブランディングにおけるストーリーは聞く人を「へぇ」へ導いて、はじめて本物。単なる商品説明に比べて**ストーリーはインパクト・感心・関心・気づき・ワクワクを聞く人に与えないといけません。**なので、人がそのストーリーを聞いて「へぇ、それは試してみたい」とか「へぇ、それは誰か他にも伝えたい」となるか、その確認を発信前にチームで検証します。そこで外せないのが"トリビア性"です。**その短いストーリーに「へぇ」の源であるトリビア的要素が含まれていること。これは大事です。**もうひとつあるといいのが"ロマン性"。米国の鞄メーカー〈ゼロハリバートン〉は、アポロが月の石を自社のアタッシェケースに入れて持ち帰ったことをストーリーにフル活用しています。歴代大統領が愛用したとか、名優が趣味のカーレースで使用したとか、**欧米のブランドはロマン系ストーリーが上手です。歴史・旅・宇宙などが絡むとロマン性が加味されます。**

そのストーリーを
どのように世にシェアするか

今ブランディングを行っている商品に関するストーリーは何個あっても構いません。また今後は「ストーリーが生まれることを意識しながら行動する」ことも大事になってきます。ただ、あまりにも数が多いと、それらの披露も大変になってきます。ストーリーの公開場所としてはウェブ・小出し＆繰り返しでＳＮＳ・各種印刷物・ＰＯＰ・レジ横・もちろん営業時に口頭でなどが考えられますが、**パッケージがある商品でペースが許せば、ぜひそこでも。**アメリカの小さな会社は、この部分で非常に優れています。たとえば右頁はシニカルなデザインとメッセージで人気の靴下ブランドですが、彼らのストーリーは何とタグの裏に書かれています。わずかなスペースにもストーリー…。こういう例が特に米国のオーガニック食品に見られ、また多くは手書きのサイン（時には似顔絵付き）がデザインとして入っています。**ストーリーに強さが増すのでマネしてみましょう。**

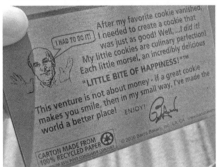

BtoB商品でもストーリーはあった方がいい。営業をラクにするのがブランディング。物語は営業をサポートします。

第 **7** 章

ブランディングとしての
WEB＆SNSでの発信

For Better Branding

商品紹介以上の
WEBでの発信を

WEBサイトではなく
広報のサイトウ君

ここからは動画を含めたネット関連のことを商品ブランディングの一環として見ていきましょう。WEBサイトやSNS・ブログ、はたまたアプリなどが現代ビジネスで欠かせないのは説明不要です。が、「つくるまでが仕事だった」という感じで放置状態のもの少なくないのが現状。WEBやブログ、SNSは今こうして読書をしている時間にも、あなたの商品のことを世界中に伝えてくれる最高にして最強のツール。チームの誰よりも働き者かつ疲れ知らずの頼もしい存在です。だから、使わないのはもったいない。いや、**単なるツールと思っていること自体もったいない。サイト関係のツールは「社員」。全部まとめて"サイトウ君"と今日から捉えるといいでしょう。**そう捉え、NO MORE放置で挑む姿勢が後に競合とブランディングにおける雲泥の差を生みます。サイトウ君は今日からあなたの商品の広報担当社員。ネット上を熱狂させましょう。

商品単体の
WEBサイトは必要か？

あなたの会社そのものを紹介するコーポレートサイトはあると思います。そのサイト内か別途か分かりませんが今回ブランディングしている商品を含め、あなたの会社の取り扱い商品を紹介しているサイトも既にあるかもしれません。それに併せてEコマースサイトも持ってらっしゃるかも…。それをアマゾンや楽天市場、ヤフー！ショッピングに出品・出店という形にしている場合もあると思います。また、あなたが輸入商材や小売店として仕入れ商品を扱っているなら、その商品のネット上の発信は輸入代理店や卸業者さんがやってくれているかも…。読者の皆さまが置かれている立場は、このように様々なので一概にはいえません。でも、**「今回ブランディングしている商品自体のサイトはあった方がいいの？」**の問いがあるなら、そこは**「あった方がいいです」**と答えたいです。では、「どんなサイトを？」と聞かれたら…？ それは事項以降で詳しく。

従来型とブランディングしている感のあるＨＰ

ありがちな日本的な商品の WEB サイト

ブランディング重視の WEB サイト

STRATEGY 02 | ディテールまで 考え抜かれたWEBサイトを

商品単体なら ランディングページで十分

もしも**商品単体のWEBサイトをつくるなら上から下までスクロールで巻物の如く見られる1枚のランディングページ（LP）の形式で十分です。**たくさんのページ数・階層数で成る複雑なHPをつくっても今はくまなくクリックして見て貰えないかも…。ましてやスマホで見られることを考えたらLPでOKです。他にも強調したい利点は**商品専用のWEBサイトをLP型にすると、それが同時に商品のセールストークの練習にもなる**ということ。上から下まで上手に順序立てて商品説明やストーリーを展開しないとLPは最後までスクロールして見て貰えません。でも、ここで流れるような商品紹介のLPが完成したら、今後営業に関わるメンバーにあなたはこう伝えられます。「ランディングページのような順番で商品のことを語るとスムーズに相手に説明できますよ」とか「営業先でもタブレットでLPを相手に見せながら口頭説明するといいですよ」と…。

商品単体のウェブサイトなら たとえばURLも…

もしブランディング中の商品の単体HPをつくるのならURLにも遊び心を。一般的にURLは短ければ短いほどヨシとされています。また普通に考えたら「www.商品名.com」とシンプルにいくと思います。しかし、**今取り組んでいるのは商品ブランディング。URLすらも印象付けの機会と捉え、そこを単なる商品名にするのではなく、商品の特徴や商品としてのメッセージを表現する**というのもURL取得の際に検討を。商品ではないですが、わかりやすい例として茨城県筑西市にある調剤薬局の〈やまぐち薬局〉を挙げます。普通に考えれば、そのURLは「www.yamaguchi-pharmacy.com」といった感じになるでしょう。でも、実際のここのURLは「genki-ageruyo.com」です。屋号ではなく（商品名ではなく）想いや特徴をメッセージとしてURLに活用。ひとつのアイデアです。商品名ではなく"メッセージ型のURL"。ぜひ考えてみてください。

スパイスの新ブランドのHP（ランディングページ型）

LP例

ランディングページ型のHPといっても商品紹介のみならず
最後や途中にも随所、商品を買えるようにカートやボタンを。

商品の価値を上げるなら
最初から外国語対応を

ブランディングするなら
海外も視野に

「凄い！」「かっこいい！」「やっぱ一段上！」と商品に感じてもらう、これがまずブランディングで目指したいところ。その為に一緒に各側面から商品の見せ方を研ぎ澄ませているわけですが、そこに「ＨＰをはじめから外国語対応」を加えましょう。日本人アスリートが記者会見やインタビューで英語を話すと、それを観た人の多くは「おぉ！」となりますね。グローバルな時代になったけれど、いやグローバルな時代だからこそ国際的にやっているように見せると「何だか凄い…」と思われることにつながります、この日本では。だから、**商品のウェブサイトも海外進出の予定あるなしにかかわらず、最初から英語対応（できれば複数言語対応）をしておこう**という提案です。でも、人口縮小が進む日本ですから海外展開は誰にでもあり得る話ですし、また外国籍で日本在住の人も今後は増える一方。もはやそこも市場です。その点からもＨＰの多言語化を。

フル翻訳じゃなくてYES
ネット翻訳サービスはNO

「ホームページの多言語化」というと別途フルで翻訳したページを何個もつくらないと、と捉える人もいるでしょう。そこは**フル翻訳ではなく部分的なポイント翻訳でOK。もっといえば見出し部分だけを英語化するのでも十分**です。第6章でもお伝えしていますが文章よりも写真などのイメージで商品価値を感じて貰うのがブランディング。これだけでも外国人に大まかに伝わるＨＰの完成度で大丈夫です。ちなみにグーグルを筆頭としたネットの翻訳サービスは日々進化しているものの、この本を書いている時点では変換された英文をそのままサイトで全部使うのはＮＧです。**英語圏の人に響く英文と、ネット翻訳にかけて出てくる英文は少し違います。ここはリアルに英語ができる人に頼りましょう。**でも、もし海外から現地語で問合せなどがメールで来た場合はネットの翻訳サービスを活用で。響く英文でなくてもいいし、連携スピードが大事です。

廣瀬製紙株式会社のHPの事例

HPの内容の訳はクリックひとつで何とかなる時代。大変なのはメールなどの個別の問合せへの対応だったりします。

ブランディング上外せない
これらの要素とページ

ブランディング中なら
この要素をウェブサイトに

「商品単体のホームページをつくるならランディングページ型(LP)を」といいましたが今度はクリックしてページを観覧する一般的なサイトも含め、ブランディング上つくるHPで欠かせない要素のお話を。もう何度もこの本に出てきている話ですが今回は図解&比較で見ましょう。**大切にしたい要素、それは「写真が主役。大きい面積でインパクトを」**です。従来型のトップページはSEO対策のため文字いっぱいがヨシとされてきたので、のっけからコンテンツ盛りだくさんです。一方、右頁の写真が主役の方はブランディングで心掛けたいHPのデザイン。「文字少なくイメージで伝える」が基本なので写真は大きくするのがポイント。当然ここはイラストでも構いません。**「文字が少ないとSEO的に不利では?」**と思う方もいるはずですが、それを補うための**ブログ・SNS・拡散狙いの動画・メディア戦略**の話も説明します。リアルもネットも強くなりましょう。

あるといいのが
企業としての見解のページ

ブランディングは守備も大事。せっかくいいイメージを確立中でも揚げ足を取られたらつまらないです。検討したいのが、あなたの**商品のHPに「私たちの見解」**というページやスペースを設けること。ネットや世間で仮にあなたの商品に関してヘンな噂が流れた場合、「その声があるのは知っている。でも、私たちの見解・事実はこうである」と自分たちの立場を公式かつ毅然と文字で示すページです。たとえば教育商材でよく見かける〈30日間でできる○○〉といったものは、すぐにネットのレビュー等で匿名のユーザーから「…と商品名についているけど、実際に30日間でできなかった」なんて書き込みが起こりがち。また、そういったネガティブなコメントは噂になったり、さらに批判めいた他コメントを誘発したりするものです。そこで会社としての公式見解。HPに『商品に関する私たちの見解』というページを設け、シンプルに右のようにコメントを。

スッキリしたＨＰのＳＥＯをブログやＳＮＳで支える

噂に対してブランドとしての見解をＨＰ上で公開

「30日間でできなかった…」というお声に関して

商品名に『30日間でできる…』とあるのに「期間内にできなかった」という
お客さまのお声があることを私たちは認識しております。その点に関する私
たちの見解を、ここにお伝えします。私たちが商品名に込めた想いは…

STRATEGY 05 | 矛盾点を潰していく作業 それは立派なブランディング

商品コンセプトや 会社のビジョンに矛盾しない

揚げ足の話をしましたが、それを未然に防ぐのは極めてブランディング。商品コンセプトや会社のビジョンと実際に行っていることに矛盾があると、人は簡単に揚げ足取りが可能です。「○○といってる割には自分たちができていないね」と…。たとえば、あなたがブランディング中の商品のコンセプトが「シンプルで説明書要らず、年配の方が即使えるデジカメ」だとします。でも、そのＨＰが字が細くて見づらく専門用語に溢れていたらどうでしょう？ 人はそこに矛盾を感じます。そこでブランディングの登場です。**ＨＰに限らず全てにおいて商品コンセプトと自分たちの仕事に矛盾点がないかを確認し、あればリリース前に正していきます。**この行為を「ビジョンに矛盾がないようにする」と私はコンサルの現場で呼んでいます。**これはデザイン面の向上より大事な経営に関わるブランディングの一面です。**ＨＰづくりの際に忘れたくない概念です。

お客さまは矛盾点に 違和感を覚える

「エコ重視といっているのに過剰包装」「シンプル設計といっているのに説明書が分厚い」「スマイルに貢献といっているのに社員に笑顔なし」。商品コンセプトや会社のビジョンに自分たちの行動が矛盾していても意外とそれには気づきにくいもの。でも、ブランディングに関わるメンバーは矛盾点に常にアンテナを立て商品を研ぎ澄ませていかないと。それを**うまくやるには日頃から商品コンセプトや会社のビジョンを枕詞にして会話や会議を進めることです。**「ほら、うちには○○という商品コンセプトがあるのだから、こうしていこうよ」「うちの会社のビジョンは○○。だから、梱包もこうじゃないと…」。こういった言葉をリーダーが率先して交わしチーム全体のクチグセのようにしていくと、自然と矛盾点は少なくなっていきます。まずはＨＰです。公開前に徹底してコンセプトやビジョンを軸に全ての面で矛盾点がないかチームで大画面を見ながらツッコミを！

プロジェクタに投影＋総ツッコミ

たとえば、商品コンセプトが「食育も兼ねた親子のレトルト食品」だとします。そのHPをブランディングチームで定期的に見ながら矛盾点の指摘を！

食育関係なのに言葉使いが荒いのでは？

「親子の…」といっているのに親子の写真が少なすぎる…

母と子が読むには文章が長すぎるでしょ！？

やわらかいイメージなのにフォントがかたすぎる！

子ども向けの商品なのに社長の写真がコワモテ

常にチームでWEBと商品コンセプトの矛盾点を指摘し、それらを潰す作業を

動画はブランディングの強い味方

商品ブランディングでは動画も同時につくるべき

ある研究では動画は静止画に比べて5000倍の情報量があるといいます。「言葉少なく伝えるのがブランディング」と再三この本でも伝えていますが、その上でもネットで公開する商品に関する動画はあるといいかもしれません。でも、昔ながらのナレーションが入った商品の取り扱い説明ビデオや教材動画のような話をしているわけではないです。ＭＴＶで流れる**ミュージックビデオのように楽しめ、文字やナレーションなしでも映像からして「カッコイイ！」となるようなもの。その動画により商品のイメージや価値が、より高くなるものがブランディングにおいては必要**です。本なので動画の事例はお見せしにくいですが、ひとつアウトドアで使うキッチンツールのブランド〈アペルカ〉の、そんなフィルムのシーンを幾つかここに。お時間ある際にはリアルに動画で観ていただきたいので、ぜひこのＱＲコードで〈アペルカ〉のサイトに！

開発者やつくり手を格好よく見せるインタビュー

第6章でも**開発者＆つくり手がインタビューに応えている"語りの写真"を載せようと提案をしましたが、それが動画であることに越したことはないです。**その際背景はシロかクロ。服装もシロかクロ。シャツやカットソーでいいです。これは発している言葉以外の余分な情報を観ている人に与えたくない点と、商品のイメージを害さない点を考えてのことですが、もうひとつ挙げたいのは「白黒なら誰でも簡単に撮影場所の設営ができるし、何より撮られる人が格好よく映る」という利点。質問はテロップで出し、そこに本人の語りを被せると決まります。ちなみに映像で大事なのは"音の質"です。聞きにくい音・煩わしい雑音が映像では最もＮＧなことなのです。これも事例をお見せしたいけど本なので無理…。なので、北海道の千歳のハウスメーカー〈ブレイン〉の社長である坂本茂敏さんのインタビューシーンの写真を。右頁のＱＲコードでぜひ。

動画の情報量は 5000 倍

アウトドアを楽しむためのキッチンツール。
「こんな風にしてみたい」と思える動画です

単調なインタビューではなく音楽や関連した
シーンがインサートされているのがポイント

動画に入ったテロップのフォントや出し方にも注目。そのフォ
ントもブランドとしてのイメージに大きく影響します。

STRATEGY 07 | 動画をつくるパートナー どうやって探す？

びっくりするほどピンキリ 動画づくりのクオリティ

動画は写真以上にクオリティの差が出ます。そこに編集・選曲・テロップ・つなぎ方・始め方・終わり方などセンスの問われる関門が山盛りだからです。では、動画づくりのパートナーをどう選べばいいのか？ まず消去法で昭和の香りがするところはナシです。工場見学の前に観る映像みたいになっちゃいます。検索すると元ＴＶ局ないし番組制作会社勤務の人が興した映像会社が見つかると思います。選択肢としてはアリです。**裏技としてお伝えしたいのは、センスのある結婚式の映像を手掛けている会社を探すこと**。商品紹介動画はやったことないと断られるかもですが、そこをプッシュでお願いする価値あり。音楽のセレクトやインサート映像が、いい意味でビジネスっぽくないものになるはずです。一番のＮＧは自作。もちろんプロや元プロが御社にいるなら話は別ですが、今やっているのはブランディングであり友人のウェディングの余興ではありません。

動画の切り落としを ＳＮＳで使い続ける作戦

映像は今の時代長くても90秒。「１分以上のものは観られない」とクチを揃えて皆いいます。でも、その１分の動画をつくるにも相当な時間カメラを回さないといけないのが動画づくりの現場です。当然、**編集時にカットする部分も相当あるわけですが、ぜひそれを予め交渉をして貰えるようにしましょう**。映像をつくるパートナーに事前に伝えるといいです。私は"映像の切り落とし"と呼んでいますが、文字通りお肉と同じです。短い数十秒の、でもキレイな映像…。せっかくだからまとめていただき（多少のコストかかっても）、それを小出しでＳＮＳを通じて発信していく。これが自分たちで撮った映像をＳＮＳであげるよりはるかにクオリティの高いものになるのは想像できますね。その映像をつくってくれた会社の宣伝も兼ね、映像にそこのロゴを入れてあげてもいいと思います。ブランディングの効率を考えての映像のマルチユースです。

動画を撮ると同時にＳＮＳ対策

ダシが仕事の私たち

動画撮影時＋編集時に余ったシーンをＳＮＳ用に再利用しましょう

映像をネットにアップする際ファイル名に注意。納品時まんまの名前ではなくＳＥＯに引っ掛かるファイル名に変更を。

STRATEGY 08 | 知識としての バイラルフィルム

中小企業を世界的にする
バイラルフィルム

商品の動画をつくるなら前述した"商品のイメージを上げる系"だけではなく、ネット上での話題と拡散を狙う方法もあります。ネット上の動画の世界に大企業も中小企業も関係ありません。すべてはアイデア勝負。衝撃的だったり、笑えたり、感動できたりするフィルムなら、どこの国の、どんなサイズの会社のものでも一夜にして世界的に広がることがあります。転送・転送・転送…、シェア・シェア・シェア…で**瞬く間に拡散される動画のことを「バイラルフィルム」といいます。**「VIRAL（バイラル）」の語源は「VIRUS（ウィルス）」。その名の通りウィルスのように国境や時空に関係なく広がっていくので「バイラル・フィルム」なのです。**バイラルフィルムのいいところは、世界で話題の映像を集めて流すような地上波のバラエティ番組にも取り上げられることが多いこと。**名作的バイラルフィルムをつくればその経済的メリットは大です。

バイラルフィルムは
こうやってつくる

「雪道はコワイ」。九州のタイヤ屋さん〈オートウェイ〉がスタッドレスタイヤへの交換を促す為に、このコピーでつくったバイラルフィルムを覚えてますか？ ネタばれしないよう右頁に差し支えない写真を載せましたが、YouTubeで検索をしてみてください。世界に広がった理由がわかると思います。また岩手のピアノ教室〈東山堂〉がつくった、お父さまと娘さんの結婚式を舞台にした動画もバイラル的に広がりました。前者は予測不能なオチで最後まで観てしまい、意外＆衝撃なオチで人に教えたくなります。後者は感動系。感動系は繰り返し観るし、誰かと感情を共有したくなります。まとめると**バイラルフィルムに含めるべき要素は、意外or衝撃的なオチ、言語関係なく笑えるor感動できる要素、「あれ本物？ 合成？」と思われるような映像のトリックなどです。**長さは30秒～90秒が適当です。難しそう？ いや、アイデア次第で誰でもできるバイラルフィルム！

拡散される動画で一夜にして世界的に！

動画は〈オートウェイ　雪道コワイ〉で検索を！

上の画像からは面白さが全く伝わりませんが、
世界に広がった〈オートウェイ〉の伝説の動画

オートウェイのHP

岩手のピアノ教室〈東山堂〉が日本中を涙に。
ネット上で語り継がれる動画は一見の価値あり

東山堂の動画を手掛け数々のアワードを受賞した
盛岡市の制作会社〈マエサク〉のHPは左のQRで。

STRATEGY 09 どこの会社もジャパネット ライブコマースに備える

自社スタジオから
商品を映像で売る時代

この本を執筆中の現在「ライブコマース」は、まだ新しい概念です。「Eコマース」がネット通販なのに対して「ライブコマース」は文字通りLIVE。ネット上のLIVE動画でモノを売っていく形の通販になります。各社が独自に〈ジャパネットたかた〉のような番組や機能を持つイメージです。厳密にはライブではなくてもいいと思います。既存の通販サイトに"社員によるオススメの動画"を組み込むだけでも十分にライブ・コマースに近づきます。いずれにせよ、**それまで写真＋文章で成っていたネット通販に"動画によるオススメや説明"が加わる、そんな時代の到来です**。オススメするのは社員によるものではなく、ネット上で影響力のある人でもOK。実際そういう人に依頼ができるサービスもあります。直接エンドユーザーに売り手がメッセージを届ける手段としても、ユーチューバーに憧れる社員の活躍の場としても、ライブ・コマースはいい概念です。

今日から始めたい
中小企業の動画への慣れ

「ライブ・コマース？ うちがジャパネット？」と急速にコマを進めることに躊躇する読者の方も多いでしょう。実際、日本の中小企業で動画を拡販のために駆使しているところは少なく、**まずは社内の"動画慣れ"からが現実的だと思います**。その動画慣れについて、いくつかここにアイデアを。たとえば、私がコンサルを務める山形県の有名＆優良企業である〈市村工務店〉では部署ごとに動画によるSNSのアップをルール化。月例の全社員会議で、その動画作品に賞をあげるというスタイルで動画という文化を社内に浸透させていきました。また同じくハウスメーカーである北海道・千歳の〈ブレイン〉は年次の経営計画会議の際の催しとしてテーマを決め、各社員がそれに沿って四苦八苦しながらスマホで1カ月前から自分の監督作品づくり。その日に会場で披露しアワードにするということを行いました。「動画を駆使する」に乗り遅れないよう、今すぐ着手を。

ＳＮＳは何をやればの
問いへの答え

やみくもでも流行でもなく
らしさとペルソナ優先

「ＳＮＳは何をやればいいですか？」。ネットの世界ほど移り変わりが激しい場所はありません。執筆の時点で「このＳＮＳ」と断定しても出版される頃には流行が変わっているかも…。常に流行りに乗るのが正解かといえば、それも違います。なぜならブランディングにおいて"育てないこと"が一番の悪だからです。そう、ブランドはつくるものではなく育てるもの。それはＳＮＳ込みでいえることでロクにひとつのＳＮＳを"自社メディア"として育てぬうちに「今流行っているから」とポンポン他のＳＮＳを始めるのは、いい結果を生みません。実際、ＳＮＳのアカウントはいっぱいあれど、どれも中途半端。全て知り合い程度にしか見られていないという会社は多いです。**ＳＮＳの選択自体はインスタでも、フェイスブックでも、LINEでも、そこはペルソナが最もやってそうなものを選べば、それでＯＫ**。もちろん複数やるのも賛成です。大切なのは"育てる姿勢"です。

自社メディアを持っている
責任感を

育てる責任を持つために、まずはＳＮＳを自社メディアと捉えましょう。ＳＮＳは誰でも気軽にアカウントがつくれて10分後には開始できる便利さ。それが故に自分の会社が運営するメディアという認識が甘くなりがちです。**メディアというからには内容も日記ではなく雑誌。よりコラム的に考えていきましょう。載せる写真のクオリティや文字数にもルールを設け、商品の価値を上げることを常に計算した記事だけのアップを**。雑誌に近いカタチとなると、おのずと更新頻度にも縛りができます。書くことがある時だけ発行される雑誌なんてありません。毎週○曜日発売と決まったら、絶対に店頭に並ぶのが雑誌。あなたのＳＮＳも同様に更新の回数や曜日を決めたら絶対にその日には何かしら記事のアップを。これが放置を防止しますし、外から見たらプロ的に映るＳＮＳです。上手＋継続できる更新は、ブログと併せて184頁以降で記します。

やみくもに決めるのではなく
ペルソナが使っているSNSは？

はやっているからコレをやろう、ではなく
ペルソナがコレを見そうだからこれにしよう。で決める

炎上を防ぎたい？ 法の順守やポリティカル・コレクトネスも
当然ですが、ニュースや時事問題に即座に触れないことです。

商品ブランディングのSNS
個人レベルと同じはNG

ヘッダーのデザインを
しっかりと整える

商品ブランディングにおける**SNSは個人レベルのものとは違い、誰が見ても
プロの仕事というものじゃないとダメ！** その観点からフェイスブック（企業・商
品ならばフェイスブックページ）のヘッダーのデザインについても考えていきま
しょう。ヘッダーとは右頁の事例でいう文字通りアタマの部分ですが、企業のフ
ェイスブックでも、ここは意外と無頓着。適当な写真でつくられていることが多
いです。でも、ブランディングするなら、ここはしっかりデザインしておきたい
ところ。スマホの場合はほぼ関係ないですが、あなたのフェイスブックをPCで
見られると目立ちます、ここ。サイズは946px × 360pxのピクセルでつくるとピ
タリとはまるので自作も可能ですが、なるべくならデザイナーに依頼を。**プロ化
のためには美しい写真と多少のメッセージを。** これが商品の公式フェイスブッ
クだということも伝えたいです。ちょうど右頁の例のように。

キャラクターが発信は
みんなが楽しめる策

ＳＮＳの発信のひとつに、こんな方法もあります。あなたの商品や会社にオリジ
ナルのキャラクターが存在してはじめて可能なことですが、そのキャラクター
自身が、そのキャラクターの声として発信するというスタイルのＳＮＳです。**発
信する側が常に楽しく発信できるか否かが結局は継続性・エンタメ性にかかって
きますので、もしこの"キャラ擬人化作戦"にビビッときたら、ぜひ導入の検討を。**
その際にはキャラのクチグセや性格のつくり込みが大事になってきます。山形
市の〈市村工務店〉は、この手法でＳＮＳを展開中。〈カンナちゃん〉という会社に
住み込みの架空のキャラをつくり、日々会社のことを発信しています。キャラ不
在でも、これに近いＳＮＳはできます。その際は実在する社員をＳＮＳ上でキャ
ラ化という逆算で。たとえば実際の係長がつぶやいている〈伊藤ハム〉の〈ハム係
長〉。その楽しさとエンタメ性は会社自体の価値向上に貢献しています。

市村工務店：キャラクターが発信しているSNS

カンナちゃん PROFILE

もともとは英語圏のどっかから日本へ観光にやってきたお寺&神社オタクで、今は寺社の建設・修繕が大の得意な市村工務店の熱烈なファン！

イチムラの社長と仲良しになって、今では社内に住んでイチムラの魅力をこまめに発信中。

市村のカンナちゃんは採用戦略の一環として役立っています。カンナちゃんを通じ就活生は会社の雰囲気を知ります。

「ブログはもう古い？」という問いへの答え

メディア戦略と
ＳＥＯ対策のためにはブログ

ＳＮＳの台頭により「ブログはもう古い」という空気が漂いますが、ブログにはブログのいいところがあります。まず頻度高く更新すればネット検索に引っ掛かりやすく、それがＳＥＯ対策になる点。第6章でもあったようにブランディング上つくるＨＰはイメージ先行で写真多め、文字少なめになりがちです。そこでブログ。**キーワードを散りばめた優秀なブログはＳＥＯ対策の部分を補います。**もうひとつの利点はメディア関係者が検索によりブログを探り当て、あなたに取材の申し込みをしてくること。メディア関係者から連絡があると多くは「御社のブログを見てお電話しています…」といいます。これはブログが検索に引っ掛かりやすいこと以外に過去記事が大きく影響しています。**メディアは取材申込前に、あなたの過去のブログの記事も見て信用に値するかどうかも確認しています。ブログはＳＮＳに比べ、アップした記事が見られるのです。**

ブランディング上のブログ
プロらしいヘッダーを

ブログもプロフェッショナルにやるならヘッダーが大事。そのデザインを、ぜひデザイナーに依頼していいものにしましょう。そのヘッダーのサイズは選んだブログのサービスによってもまちまち。確認してからつくる方が比率の問題が発生しないので後の依頼ががラクです。**ブログのヘッダーはＳＮＳのヘッダーと異なり、そのブログのタイトルが記されていることが多いです。美しい写真と共にブログのタイトルをヘッダー内に表現していきましょう。**その事例を右頁に載せました。岩手が誇るクラフトビール〈ベアレン〉の専務が書くブログは自分たちが子どものように楽しんでマーケティングをしている姿を見せたいと、そのタイトルを『インナーチャイルド・マーケティング』としました。一生懸命書き続けた結果、これがひとつのキッカケとなり遂には書籍化され『つなぐビール』（ダイヤモンド社）というタイトルで全国の書店に並んでいます。

公式ブログをつくるならヘッダーデザインとタイトルを

本を出版する＝最高のブランディング。狭き門ですが目指すべき。第一歩はクオリティ高い公式ブログから始まります。

パートナー選びも
大事なブランディング

サービスプロバイダまで
イメージを考えて選ぶ

ブランディングを大事にする会社は「協力会社の選択もブランディングの一環」と考えます。その協力会社はチームの一員として相応しいかどうか？ お客さまから見て我々がその協力会社と共に仕事をしているのはおかしくないか？ ビジョン・ミッション・理念などを共有してくれるか？ マクドナルドやディズニーランドといった世界的なブランドが協力会社を含めて研修・教育を行う機会を設けるのも、「**パートナー企業すべて含めてブランドイメージ**」と捉えているからです。それを踏まえて考えたいのがブログのサービスをどこから買うかです。単にアクセス数が稼げる・流行っているという理由で〈アメブロ〉とするのではなく、自分たちのブランドとしてのイメージやペルソナから見られた時に印象、そのあたりを総合的に考えて、いちばん相応しいサービスプロバイダを選択しましょう。これは特にコストが大きく関わるわけではないですね。

ブランディングとして
ありえないブログのアレコレ

今も昔も意外と多いのは無料のブログのサービスを選択し自社のブログを始めてしまうこと。タダより高いものはありません。ご存知のように無料のブログのサービスを選ぶと、そのデザインの一部にどこか他社の広告が入ります。その広告は文中＆検索ワードから選ばれるので、あなたの競合他社にあたるものが、そこに登場する可能性は大。ヘアサロンで多く見受けられるのですが、ブログを一生懸命スタッフや店長が綴っているのに、無料ブログなので、その文章の横には他サロンの広告が煌々（こうこう）としている…。これは残念過ぎます。有料のブログサービスを選んだところで、その月額は安いもの。それと意外な落とし穴はブログ更新の時間！ 夜中に記事のアップをすると皆よく更新時間を見ているもので「遅くまで働いているんですね」なんていわれます。働き者？ いや、それだとブラック企業な印象大です。

商品の公式ブログなのに他社の広告？ おかしい！

残念なことに他社の広告が表示…

ブログの内容のみならず更新時刻や頻度、タイトルやヘッダーデザイン、プロバイダやＵＲＬなど全てが"印象"です。

継続こそが最高の価値上げ
定期更新でネットの人気者に

続かないブログやSNSは
ブランディングに悪影響

172頁にあった「ブランディング＝矛盾点を潰していく作業」を、もう一度ここで思い出しましょう。たとえばブログでもSNSでも、子ども向けの商品を扱っているのに飲み会のシーンを高頻度でアップしているのは好感度としてどうかと…。同様に思いついた時にしか更新しないから常に「久々の更新です…」から始まるブログ・SNSも悪イメージ。お客さまは密かに「時間管理にいい加減だな。通販するの怖いな…」と、そういった書き出しから感じたりするものです。特に取り扱っているのが生鮮食品だったりしたら大変。「この会社の賞味期限管理は大丈夫だろうか？」と疑われてしまいます。ここまでHP・ブログ・SNSなどについて見てきましたが、その全てはあなたの会社や商品の価値を上げるためです。で、**一番簡単かつ基本的な価値上げの方法があるとしたら、それは定期的な更新。なかなかできないことだったりもします。**

定期的な更新を
守るためにできること

定期的なブログ・SNSの更新のためにはズバリ、更新曜日を宣言。その宣言は「フッター」と呼ばれる箇所で行います。フッターとはブログ・SNSの本文後の署名欄のこと。一般的には「＊＊」や「〜〜」で区切られた下の部分です。**そこにこれは何曜日に更新なのか予め記しておくとアップの強制力が働きます。右頁の事例にあるように各曜日でアップする内容も書いておくとなおベター。**こうすることで何を書くかのアイデアやアンテナが磨かれますし、1年通じてトピックのバランスが取れます。また曜日によって書く人をチームで分担するのもいいですね。当然トピックや曜日は足し引きあってヨシ。人気がないなら差し替えもアリ。雑誌のコラムと同じです。企業としての発信なら週2回更新はしたいもの。「フッターに書いていない告知などの更新は？」とよく聞かれますが、適時行っていいです。フッターは全ての記事の下部に必ずコピー＆ペーストで統一。

アップすることで商品ブランディングに悪影響も!?

記事のフッターに更新日と内容を毎回明記すること

> 一回煮こぼす度に1枚で良いと思います。
>
> いつものモツ煮の風味アップ🎶
> 4色の胡椒で是非✨
> 細かいところはお問合せくださいね♪
>
> ・・・・・・・・・・・・・・・・・ ♡
> Thank you for your leading 🖤
> およそ
> 　（月）つい話したくなるスパイス豆知識
> 　（水）いつものあれにスパイスを加えて！
> 　（金）MEAT the SPICE. スパイスと肉料理
> 14時更新予定です✨

ここがフッター部分

毎回ここはコピー＆ペーストし
同じスタイルで記事を
締めくくります。

書くことがないという人もフッターに更新日と内容を宣言すると自然とアンテナが立ち、ネタに困ることがなくなります。

第7章　ブランディングとしてのWEB&SNSでの発信

191

第 8 章

ブランディングとしての
広告・イベント＆話題づくり

STRATEGY 01 | ブランドと呼ばれる商品は "引力"を持っている

究極的には 広告しないのがブランド⁉

ここからの章は広告・イベント・話題づくり。魅せる力といいますか、よりエンタメ力が求められるところです。「広告なんて矛盾している。営業しなくても買って貰えるようにするのがブランディングでしょ？」とアタマに浮かんだ方は流石。その通りです。ブランドと呼ばれるような会社や商品は"プッシュ(押し)"ではなく"プル(引き)"で売ることを目指します。値下げするわけでもない、追客をするわけでもない…、それでも見事なブランディングにより相手に欲しいと思わせる。これが理想的な着地点です。事実、〈スターバックス〉は一度も広告を出したことがありません。ブランディングに注力したことで、お客さまを魅了。それだけで世界で売れています。とはいえ、**現実的には商品を知って貰えなければ買って貰えるワケもなく…。商品ローンチ後は、あらゆる方法で知ってもらうことも大事です。そのひとつの手段が広告です。**

意識したい 内向きの矢印・外向きの矢印

「プッシュではなくプル」の話に関連して。右頁の上はブランドと呼ばれる商品の図。"ブランド"はお客さまの方から探してくださり、値下げせずとも買ってくれます。黙っていても「コラボしてください」「売らせてください」とチャンスが巡ってきます。「お金貸します」と金融機関がオファーをしてきたり、欲しい人材や情報も向こうからやってきます。**ブランドはビジネスに必要なものが追い求めずとも集まりやすい状態にあります。言い換えるなら「ブランド力＝引力」。ブランディングを重視している経営者は、この力をよく理解しています。**一方、右頁の下はブランディングに無頓着な商品の状態。ご覧の通りビジネスに必要なものは待っていても向こうからは来ません。全てを企業側から追い求めにいくバタバタな毎日を強いられています。上と下では、どちらがより効率的でしょうか？　ブランディングの本質は「スマートなビジネスの構築」なんです。

ブランドには話が舞い込んでくる

○

ブランドと呼ばれる商品には「売ってください」「置かせてください」「コラボしてください」「協力させてください」という声が勝手に向こうからやってくる

✕

ブランディングしていない単なる商品は、こちらから営業をしないと買って貰えない。値下げを強いられるし、コラボや協力などもこちら側からお願いしないと…

営業活動がラクになったり、いい話が舞い込んでくるようになったら、商品のブランディングが順調に進んでいる証拠。

広告を打つ・打たない
関係なしに揃えたいもの

キービジュアルという
ブランディングの発想

話題を広告に戻しましょう。広告のことだけでも余裕で1冊の本になってしまいますが、ここではブランディングらしい考え方をひとつだけ。想像してください、あなたの商品の広告を雑誌の1ページにドンと出したり、駅構内にＡ1サイズのポスターで貼ることを…。ブランディングですから文字は少なく写真主役で商品の特徴やウリが外国人にも伝わるデザインがいいですね。今後はネットでも広告を出すかもしれませんし、そのサイズや機会も様々だと思います。でも、**前出のデザインが基本形。今回の商品のメインのデザインになります。これを「キービジュアル」といいます。**文字通り鍵になるから。これ、あなたの商品にもあると便利です。映画にも宣伝用のポスターが必ずあります。それが元になっての紙チラシだったりネット広告だったり…。でも、それらのデザインはほぼ同じです。その商品版だとイメージしてみてください。

いいキービジュアルは
外国人が見てもわかること

いいキービジュアルは、日本語ができない外国人が見てもその商品の特徴やウリが瞬時に理解できるか否かが見極めどころ。外国人相手に商売をしているワケじゃないというかもしれませんが、朝から晩まで現代人は約3000の広告を目にします。でも、我々はその多くを覚えていないのです。起用されているタレントは思い出せても商品名・会社名は覚えてないなんてことも多いです。つまり、日本人に日本語で訴えても、その程度…。だから、たとえ**日本人相手に伝達するにせよ、外国人に伝えるつもりぐらいの分かりやすさがあるといいです。**隣は宮崎県の〈漢プリン〉のキービジュアル。その商品のいいところが、これを見るだけで理解できます。もうひとつは〈フライターグ〉。スイスのバッグで、その全てが廃材でできています。瞬く間に世界に広がったブランドですが、それもそのハズ。誰にでも伝わる、このキービジュアルで商品のよさを伝えたのですから。

外国人が見てもウリが一目で分かるビジュアルを

メンズ向けでハードなプリンであるのが一目でわかる

どこに何の使い古しを使用しているかが言葉なしでも一目でわかる

キービジュアルを軸にした
ブランディングとしての広告

キービジュアルができたら
色々カタチを変えて発信

あなたの商品の**キービジュアル**は、そのデザインはタテでもヨコでもＯＫなので、**基本はＡ４サイズを軸に大小サイズ変更できるように"Ａ判"の比率・寸法でつくっておくといいかもしれません**。それを軸として今後は"Ｂ判"にしたりネットでのバナー広告をつくったりと展開していきます。絵葉書サイズや名刺サイズに印刷してショップカードなどにするのもアイデアです。それを小売店の商品棚に置けるように手を加えＰＯＰとしたら仕入れ担当の方も喜ぶと思います。こんな感じでキービジュアルはアメーバのように必要に応じてカタチ・サイズ・素材を変えてどんどん貪欲に使っていきます。**壁に貼るポスターを用意するだけではなくパネル化してイーゼルと共に床に置く。これも場所によっては栄えると思います**。前出のＳＮＳ・ブログのヘッダーに、このキービジュアルを利用するのも効率いいですね。右頁に展開案を記してみました。

ブランディング上
考えられる広告の場と機会

広告が利かなくなったと聞きますが、やみくもに雑誌・新聞の広告枠を買ったりバス・電車に吊り広告を出してるなら、そうかもしれません。商品ブランディングはペルソナと常に睨めっこしながらプロジェクトを進めますが、**広告を出すなら睨めっこどころか穴が開くほどペルソナと向き合いましょう。すると新しい広告枠のアイデアが浮かぶ可能性も…**。空港で荷物を運ぶカート、郵便局でのポスター掲載、観光客向け英字フリーペーパーの誌面などペルソナの目に留まる広告の種類・機会は街にまだまだあります。これに日々進化しているネット系の広告枠を加えたら選択肢は無限です。**ブランディングの観点からひとつ提案したいのは「広告でモノを売る」という営業的発想ではなく、「広告を出している場所を話題にしてもらう」こと**。米国・ユタ発の楽しいアウトドアブランド〈チャムス〉は相撲の化粧まわしに広告を出し、さすがユニーク！と話題になりました。

キービジュアルの展開案

キービジュアル

商品のキービジュアルができたら、必要に応じ同じデザインでこんな展開を（サイズや多少コピーや文言を変えて）

パネル化する
ポスターにする
ハガキにする

紙袋に印刷する
卓上POPにする
バナー広告にする

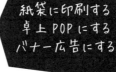

名刺の裏に入れる
社用車に貼る
Tシャツに印刷

ブログのヘッダーに
SNSのヘッダーに
ステッカーにする

クリアファイルに
床に貼る広告に
ノボリや旗に

ユニクロはパリへの出店の際、バゲットを入れる袋を街のパン屋さんに提供。そこに広告を入れて話題に。ユニーク！

商品イメージに沿った
ニュースづくりを

広告を出すのではなく
記事として取り上げられる

広告の種類・機会のリストの中に「記事広告」と「ノンペイド・パブリシティ」という項目があります。商品や業界にもよりますがブランディングに向いている広告といえば、この2つ。**記事広告とは雑誌などで記事として商品を取り上げてもらうこと。**仕組みは、まずあなたが普通の広告枠を買います。当然あなたの商品の"純粋な広告"が雑誌に載るわけですが、交渉次第では雑誌社が記事としても商品のことを書いてくれます。それが同じ号の中での場合もあれば次号での場合も…。ブランディングでは商品としてのストーリーが大事なので、それも一緒に記事で伝えてくれるという点で、この記事広告は向いています。ぜひ雑誌社から広告枠を買う際は同時に「記事広告も…」と交渉をトライしてみてください。更にいいのは**広告枠を買わずとも雑誌や新聞があなたの商品について書いてくれること。これは記事広告の上の存在で「ノンペイド・パブリシティ」といいます。**

記事化のためには
ユニークなイベントを開催

「ノンペイド・パブリシティ」も記事広告同様、記事として新聞・雑誌に取り上げられます。が、頭に「ノンペイド」とあるように我々はメディアに一銭も支払わず商品のことを記事にして貰います。ただ、新聞・雑誌も広告費で成り立つビジネス。無償でどこの商品のことも書いてあげていたら潰れます。だから、ここは我々の方で**メディアが思わず記事にしたくなるほど面白い商品に関するイベントやキャンペーン、チャリティなどを興すこと。つまりニュースをつくるのです。**実際、新潟のキッチンツール製造会社〈オークス〉は、主力商品であるトングの純粋な広告を出すのではなく、まさにユニークなイベントを企画・運営し、それをニュースとして各種メディアに報じて貰っています。そのイベントとは〈トリワケナイト〉。取り分けのマナーを学びながら楽しく男女が食事会をするというイベントで、その技術を〈トリワ検定〉という資格制度にしています。

〈ゆびさきトング〉という商品。広告を買うではなくイベントを起こし、ニュースとして取りあげて貰うことを選択。イベントは男性が料理を取り分ける〈トリワケナイト〉。

実際の〈トリワケナイト〉を行ったときの写真。プレスリリースをメディアに送付したので取材が入り、見事にメディアに掲載。この手法で新規の顧客に商品を広げていった。

STRATEGY 05 商品ブランディングには イベント屋の要素も大事

あなたの商品に絡めて行う ニュース興しのアイデア

「商品を記事にして貰うためにニュースを興す」という話にハードルを感じている方も多いと思いますが、以下の3つが考え方です。まず前述の〈トリワケナイト〉のような**商品に関するイベント**。継続系でも一発系でもOK。そこにコンテストの要素を加えるのもいいですね。ふたつ目の「**一定期間キャンペーンを行う**」です。タイアップ・割引・意外なところでの販売など…、笑えるものやくだらなさがあるとニュースになります。最後が「**商品を絡めたチャリティや社会貢献活動**」です。ひとつ買ったら売上の一部が○○に寄付されるというスタイルが一般的です。もしくは、あなたの商品自体を寄付し、それが社会や子どもたちの為になるというのも活字になりやすいです。この上記3つのどれでいくかにかかわらず、**あなたが興すニュースには社会性・時代性・笑い・感動の要素が多少は必要**。それがあってはじめてメディアも「取り上げたい」と思うのです。

メディアの興味を引くには ネーミングが大事

商品ブランディングのひとつの側面は、その商品の知名度を上げること。その一環として「ニュースを興し商品のことをメディアに取り上げて貰おう」という観点で今お話をしていますが、要はイベント屋の要素もブランディングでは大事ということ。**単にモノをつくって売るは、どこの会社にもできます。ぜひ、ここは一歩先を行くつもりで「自分たちはイベント屋」という意識も持ちましょう。**実際、岩手・盛岡のクラフトビールメーカーである〈ベアレン〉は社員全員その意識が高いです。その背景もあって創業約15年で岩手を代表する自慢のビール会社になったのです。では、**イベントで大事なことって何でしょう？ 内容も大事ですが、私はネーミングだと思っています。**ネーミング自体が面白いと人は「何それ!?」と前のめりに。結果として集客やメディアの関心につながります。右頁は、そんなイベント＆ネーミングの一例です。

ネーミングでイベントを話題に

短冊カードにメッセージを書いて
高級バターをもらうイベント

ガススタンドに家庭の使用済の
天ぷら油を持参して金券と交換

デニム生地のシューズ袋の販売企画。
デニッシュ CUP の名でサッカー大会

サッカーボールのブランドの披露。
お寺で夜に音楽を奏でながら大会開催

STRATEGY 06 | せっかくのリリースも 送り方がヘタだと効果なし

売り手としての常識
プレスリリース基礎知識

あなたが商品に関するユニークなイベントやニュースを興してもメディアがそのことを知らなければ取材には来て貰えません。そこで発行したいのが、あなたの会社の「プレスリリース」。プレスリリースとは、あなたの会社が興すイベントやニュースをメディア関係者に教え伝える案内。原則ペラ1枚、A4表面だけのカラーの文書です。これをあなたの会社が発行し、メディア各社に郵送します。プレスリリースでイベント・ニュースの全てを語ろうと、文字だらけやA4ペラ1枚以上にしてしまう会社も多いですが、これは営業資料ではありません。全てを語るのは実際の取材の時でいいのです。**プレスリリースの目的は送付先のメディアに興味を持ってもらい、「そのイベント、ぜひ取材させてください」と連絡を貰えるようにすることです。そこを理解してつくると、うまくA4に収まります。**最終的に右頁のようなプレスリリースになるといいですね。

写真主体のプレスリリースで
メディアの手間を省く

プレスリリースを受け取るメディア関係者の毎日は忙しいです。1日に平均200件以上のプレスリリースを受け取りますが、残念ながら多くはゴミ箱行き。だから、記者の手間を省くのが、上手なプレスリリースづくりです。たとえば郵送するなら開封しなくても済むように透明の封筒に入れる。住所面から裏返せば即内容がわかると喜ばれます。また文字だけギッシリのプレスリリースもやめて、そこを写真を主役に。**写真がA4の上半分を占めているが理想です。その写真に関心を持ったら、はじめて記者は他の文章を読んでくれる**、そんな具合です。目を引くという意味では見出しも大事です。それからこれがプレスリリースであることの明記もお忘れなく。**本文も完全なる文章ではなく箇条書きの方がメディアも助かります。**繰り返しになりますが詳しいことは取材の時でOK。まずは記者の「取材したい！」を促すのが最優先です。

効果的なプレスリリースづくり

見出し

プレスリリースであることの明記を！
キャッチコピーには地域・社会のため
になるという要素を盛り込みましょう。
単なる宣伝では取材して貰えません

写真

メディア関係者は文章を読む時間なし。
「伝わる写真を大きく使う」でいきま
しょう。自前の写真がないならシャッ
ターストックで購入しイメージ写真を

逆提案

メディア関係者から連絡を貰いやすいよ
うに「こんな特集があったら、ぜひ取り
上げてください」という逆提案をするエ
リアです。ここも箇条書きがベター

連絡先

メディア関係者からの連絡を受
け取れるように、あなたの会社
の連絡先・担当者・休みや外出
の場合の代理・連絡取りやすい
時間帯なども丁寧に明記します

内容

内容は箇条書きが望ましいです。完全な文章よりも
メディア関係者にとっては読みやすいです。詳細は
相手も取材時に聞きますので多くを語らずでOK

STRATEGY 07 | メディアとの付き合い 始めるならココから

プレスリリースの送り先 そのリストは「75」

プレスリリースは郵送でメディア各社に送付するといいです。ＦＡＸだと印刷が潰れたりカラーじゃなかったり、そもそも主役の写真が魅力的に見えなかったり…、何より人様の会社の紙を使ってしまうのもどうかなと思います。では、メールによる送付はというと…、この世に知らない人からの添付ファイルほど怖いものはないです(笑)。なので、ここはベタに郵送による送付。我々の経験上、その数は「75」です。新聞・雑誌・テレビ・ラジオ・フリーペーパー・ネット系のニュースなど、**全部含めて最低75の送り先に、あなたのプレスリリースを一気に送付します。これは「75のメディアに送ると、ひとつくらい連絡がある」という過去の統計に基づいてですが**、実際はあなたのニュースの価値に掛かっています。だから理想は「75以上」です。郵送するので、これら75のメディア各社の住所は最終的にラベル印刷ができる形でリスト化されていると仕事が早いです。

メディアの住所・送り先を どうやって入手するのか？

「でも、どのようにメディア各社の住所を入手するの？」と思われる方も多いはず。便利なことに『マスコミ電話帳』(宣伝会議)という書籍が書店やアマゾンで見つかります。毎年発行されている日本全国のメディア関係各社の電話帳のようなもの。まずはこれを入手です。また雑誌には必ず発行元の社名・住所が記されています。自分の商品が出たらいいなと思う雑誌を買い集め、ここからリスト化するのも手。雑誌には必ずアンケート葉書や定期購読申込みの葉書が挟まっています。それらも同時にプレスリリースに同封し「アンケートはがき在中」と封筒の表に書くと、格段にメディア側は開けて読んでくれる率が高まります。テレビ局の住所はネット検索で探せます。ＴＶの場合は番組名も宛先に。また地元のケーブルＴＶにもプレスリリースの送付をお忘れなく。**こうしてリストアップしていけば半日仕事で即住所録は完成します。**

リリースの送付先リストの作成

メディアリストへプレスリリースを郵送します。宛名ソフトや
エクセルで管理し住所ラベルにできるようにしましょう。

露出するメディアで
ブランドイメージは変わる

ブランディングでは
イメージ優先でメディア選び

プレスリリースがうまくいきあなたの商品がメディアに載ると、その記事を見た他メディアから「○○誌に載っていた御社の商品、うちの雑誌にも…」と連絡が入ることがあります。この状態を"メディアがメディアを呼ぶ"と呼んでいます。その時に気をつけたいのは"やみくも感"です。メディア露出はあるだけあった方がいいと、**どんな媒体からのオファーにも思わずOKを出しそうになりますが、その雑誌やテレビに登場することがあなたの商品のイメージに悪影響を及ぼしそうなら勇気を持ってNO、もしくは優先順位をつけましょう。**ハワイ発の飲むデオドラント〈ボディミント〉は日本上陸後しばらくは外資系のファッション誌を中心に載せて貰えるようにしました。その後に日本のファッション誌、女性週刊誌とメディア露出に段階をつけ特別な香りがするブランドに。コスメ関連アワードまで受賞。ブランディングを意識したメディア露出の一例です。

メディア戦略で
気をつけたい幾つかのこと

商品ブランディングの過程で逆にメディア側から芸能人などと「あなたの商品について対談ができますがいかがですか?」なんてオファーが舞い込んでくることが…。注意していただきたいのは、それに支払いが発生するという点。もちろん商品のペルソナやコンセプトに合っているならGOでも構いませんが、よくある話なので気をつけて。また**一度取材を受けたら、そのメディアの担当者との縁を大切に育みます。**メディアの方は異動・移籍も多いです。また次の勤務先で一緒に何かできるかもしれないので、どうか連絡を絶やさずに。またここまでのプレスリリースづくりと送付を丸ごと代行してくれる「PRエージェント」という仕事があります。そんなプロのサービスの利用も悪くないですが、この本の指針は「ブランディングのノウハウを御社内に」なので、まずは自力でトライです。

載せる雑誌で商品のイメージも変わる

STEP

〈ボディミント〉のブランディングは、まずはじめに外資系ファッション誌にノンペイド・パブリシティを

▼

STEP

輸入されたファッションアイテムというイメージを存分につくった上で次に日本のファッション誌に掲載

▼

STEP

最後の段階で一般の情報誌や各種業界誌、新聞、フリーペーパーなど、特にイメージにこだわらず露出

雑誌掲載のアーカイブの仕方

雑誌や新聞に載ったら、その記事のページのみならず必ず表紙や題字も一緒に保存し、HP などで公開を

STRATEGY 09 | 現代のブランディングで外せないのは「社会モテ」

エシカルな部分を
商品に加味

活字になりやすい商品は「社会に愛される商品」です。商品自体がエコやマイノリティに配慮しているという意味もありますが、販売の仕組みや売上の使い方が社会の為になっているという点も含めてです。**「ひとつ売れたら〇〇のために利益の一部を寄付します」という類の商品をエシカル商品と呼びます。**「エシカル（ETHICAL）」は倫理的という意味です。その代表格は米国の靴を軸としたブランド〈TOMS〉。「ONE FOR ONE」というタグライン通り彼らの靴がひとつ売れると恵まれない国の子どもにひとつ靴が寄付される仕組みで支持され続けています。同じ履物ならキッチュな靴下ブランド〈Blue Q〉。派手な見た目とは裏腹に売上の一部が国境なき医師団に。商品タグにもそう明記されています。国内でもたとえば岩手の〈くずまきワイン〉。釜石市のラグビーチーム、シーウェイブスの活動に寄付が回るワインがジワジワ話題に。

学生や子どもたちと
コラボレーションする

社会モテする商品でメディアに露出という話の続きとしてお伝えしたいのが**「学生とのコラボレーション」。起業家教育が年々盛んになってきた今の日本ですから、これもニュースになりやすいです。**鳥取県民の誇り〈白バラ牛乳〉は、まさにそれでメディア露出が増えたブランドです。地元の高校生と開発を進めたのがアイスクリーム。そのフレーバーを考えてもらい実際にコンビニなどの小売店で販売。一連のストーリーは多数のメディアが競うように報じています。特筆すべきは、その後もその高校や関わった高校生とブランドの交流が続いていること。白バラ牛乳のスタッフで、このプロジェクトを率いた榎田勝文さんは特に、その後も学校に講演に出向いたりという関係が続いています。それがキッカケとなって未来の働き手が集まるかもしれません。**地域の学生・子どもたちとのコラボはメディア露出をはるかに超えたいい効果がありそうです。**

買うことで支援になる商品

買うことで売上の一部が寄付されたり、誰かに何か
が贈られたりという仕組みのエシカル商品の一例

学生とのコラボはニュースに

2017年4月21日掲載　日本海新聞

2017年4月19日掲載　毎日新聞

STRATEGY 10 書籍が出せたら それが一番のブランディング

広告とストーリーの集大成 それは書籍化

「工場見学に行くと、その会社のファンになる」。これは多いです。どんな背景で会社が始まり、どれほど考え開発し、いかに丁寧にモノづくりしているか時間をかけて知れるからです。それに近いファンづくりの仕方があるならば、それはあなたの会社・商品の書籍を出すこと。既に本書に数回登場した〈ベアレン〉も出版したことでより広く、そして深く、お客さま以上のファンと呼べる存在を生み出しました。簡単なことではありませんが、**広告とストーリーの集大成は書籍化。商品ブランディングの大きな通過点として（ゴールではないです）、あなたの会社・商品の書籍化を目指すことに損はありません。**「なりたい自分の姿があるのなら既になったつもりで行動すること」という言葉があります。今現在ブランドと呼べない商品でも、既に出版されているくらいのブランドであるつもりでアクションを重ねる。それが実はブランディングの一番の近道なのです。

書籍出版の実現⁉ どこから手をつけるかの話

「ブランディングの一環として出版を目指そう」という提案ですが、実はあなたの会社の"ブランディングの為の出版"に出版社は消極的です。書籍は出版社がリリースまでの初期コストを負担する形で成り立っているのです。あなたが書きたい本ではなく出版社は"売れる本"を出したいのが本音です。なので、**出版を目指すなら、まずは他の会社が「知りたい。マネしたい」というユニークなアクションを、あなたの会社がたくさんすること。更にキャッチーな数字も必要。**「たった○年で全都道府県で売上１位となった」と帯で表現できるような分かりやすい数字があるといいです。この上記２つがあると出版社は、あなたの企画に前のめりに。ぜひ出版への道として意識していきましょう。上記をスッ飛ばして「カスタム出版」という選択肢もあります。これは企業版の自費出版のようなもの。費用は出版社によって異なりますが相場は数百万円から１千万円弱です。

📖 本書だけへの Message

本を出したことによって、よりベアレンを深く知っていただく人が増えたと思います。SNSの情報はどんどん流れて行ってしまいますが、発刊から4年がたった今でも「読みましたよ」「感動しました」「ベアレンがより好きになりました」などという言葉を多くいただきます。本を読んでベアレンが飲みたくなって来ました。という人が本当に多く、中には感動してベアレンで働きたくて来ましたと言って、実際に当社のスタッフになった人もいるほどです。

ベアレン醸造所創業者／専務取締役　嶌田洋一

工場見学の強化は商品ブランディングの一環。台湾では観光工場という概念があり見学のエンタメ化が進んでいます。

サンプリングも
極めて大事なブランディング

あなたの商品のサンプリング
これもまた意外な場所で

「サンプリング」とは、あなたの商品のサンプル(試供品)を配ること。よく見る〈レッドブル〉はサンプリングにも専用のクルマを用意してイベント会場でやっていますね。街中では〈ミンティア〉。サンプリングするスタッフのユニフォームが印象的です。つまり**「ただ配る」ではなくブランディングをしているなら「クルマ・人・ユニフォームなどを含めて印象付ける」**が大事ということ。では、それをどこで行えば? 見本市やマルシェ(市場)はもちろんですが、アイデアとして欲しいのは"意外なところ"です。すでに事例で出てきた飲むデオドラントの〈ボディミント〉はマラソン大会のゴール後にサンプリング。誰もがニオイを気にするタイミングだけに大成功、ブランドづくりの大きなステップとなりました。交渉と提案次第でサンプリングはどこでも可能。**あなたの商品のペルソナ・コンセプト・価格帯・品格に合った場所・機会をリストしましょう。**

配るだけではなく
置いておくサンプリングも

対面で配るだけがサンプリングではありません。どこかにPOPと共に置いておくのも、またサンプリング。これも企画と提案次第で"意外なところ"でできると思います。前出の〈ボディミント〉は日本上陸当初、新宿2丁目界隈のゲイバーのトイレで置くタイプのサンプリングを展開。購買力もありオシャレ、新しいものも好きでクチコミも盛んなLGBTQの間で話題になりました。これも交渉の結果です。ゴルフの打ちっぱなし、フィットネスクラブのロッカールーム、ヘアサロンのセット面などアイデアは無限大です。でも、無人だけに**こだわりたいのは一緒に置くPOP類。キービジュアルを元に、その場所と客層に合ったコピーに変えて用意するといいでしょう。**また、その商品のサンプルを入れる什器も大事。それもセットで揃えての交渉が丁寧です。右頁に事例を載せました。サンプリングもぬかりなく! ブランディングは絶え間なく。

高校生がつくる商品のサンプリング案

濃厚トマトジュースの
サンプリング案

- 昼食時の社員食堂で
- 温泉・銭湯の脱衣所で
- 焼肉などのお肉料理店で

あたご梨の
ドライフルーツの
サンプリング案

- マラソン大会の参加賞で
- ホテルの朝食で(ヨーグルト用)
- 夜行の長距離バスの乗客に

エゴマのお醤油の
サンプリング案

- 小パックを宅配寿司店で
- デイケアセンターの昼食で
- パーキングエリアの飲食店で

勝手に持っていって貰う類ですが、スポーツジムの更衣室や貸会議室なども、商品によってはいいサンプリングの場所。

ステッカーと少しの工夫で
商品価値はここまで上がる

インサイドブランドになって
商品価値を最大化

「インサイドブランド」という概念をお伝えします。たとえば「インテル・インサイド」という言葉、その証明としてノートPCの手を置く位置に貼られているステッカー。これらなしではPCの内側に使われているパーツブランドである〈インテル〉を我々は知り得なかったし、それが使われていることに価値を感じることはなかったかもしれません。もしあなたが同様に何かの"インサイド"で使われる商材を扱っているなら「うちは裏方だから…」といわず貪欲にブランディングをしてインサイドブランドの確立を。最近では「このコロッケは○○の油で揚げています」や「このパンケーキには○○のバターが使われています」といった表記が飲食店のメニューで増えてきました。それ、まさにインサイドブランドです。**そんな表記をロゴと共に載せて貰えるように、あなたが積極的に交渉を進める。この類の商品を扱っている企業ができるひとつのブランディングです。**

インサイドブランドとして
こんなステッカーを用意する

インサイドブランドは"何か他商品の内側で使用される商品"だけに目立ちません。右頁の事例はアルペンスキーヤーがスキーブーツに装着することでターンを容易にする〈ステルステック〉という商品ですが、これはブーツの底に付けるものなので目立たない。なので商品を買ってくださったスキーヤーの為にブーツの踵部分に貼るステッカーを用意しています。このステッカーをゲレンデで見かける機会が増えるほどに「おっ、君も！」とか「どこで買えるの？」という会話が生まれます。実際ステルステックはデビューからわずか数シーズンで爆発的にスキーヤーの間に広がりました。**あなたの商品も「インテル・インサイド」と同じ発想で、インサイドブランドとして存在感を高めるちょっとしたステッカーや証しのロゴデザインを用意しましょう。ただし、こういったステッカーはデザインが格好いいことが大前提。デザイン含めての付加価値を目指しましょう。**

誰があなたのブランドを推してくれるのか？

エンドーサーという
ブランドの味方

効果ある広告づくりに、あなたの商品の「エンドーサー」を。「エンドース（ENDORSE）」には認めるという意味があります。つまり、**エンドーサーとは「あなたの商品を認めている人」**のこと。たとえば、歯ブラシの広告でよく見受けられる『8割の歯科医が認めた』みたいな自社調べ系。簡単でいいので、あなたの商品にもそんな数字が欲しいです。ミズノの温かな下着〈ブレスサーモ〉は、あえてアスリートではなく郵便局員をエンドーサーにして「寒さと戦うすべての人へ。」というコピーで商品を推していました。うまいと思います。〈薬用せっけんミューズ〉は、あえてドクターではなく「お医者さんのご家庭の8割が…」といういい方で推していました。絶妙だと思います。くくり方は自由。ぜひ、**あなたの商品を推し、価値を高めるエンドーサーの用意を。自社調べで構いませんので、その支持率を統計やアンケートでつくりましょう！**

エンドーサーの集め方
広告での使い方

エンドーサーを集めることや、そこから自社調べの支持率をつくることが難しいと感じたら、前述した「商品のサンプリング」と掛け合わせて考えてみましょう。たとえば、あなたの商品が何かしら漁師さんに使って貰えそうなものであったら、漁船や組合、もしくは知り合いを辿りながら、サンプリングとして漁師さんたちにプレゼントを。で、その使用感・満足度をアンケートやインタビューで統計に起こし『山陰地方の漁師さんの8割がＹＥＳといった○○』と着地すれば、それで一丁あがりです。その対象がインバウンドでも同じです。最後に『大阪に来たインバウンドの7割が"おいしい"といった…』と着地できるようにコネと知恵を駆使して進めてみてください。統計ですからサンプリングと得る回答の数は多ければ多いほど本当はいいです。では、どうエンドーサーを使うか？ キービジュアルと組み合わせるだけで、ブランディングは一歩進みます。

「著名人が推す」よりも時には強力 !?

どんな商品にも
アンバサダーがいるといい

あなたの商品
アンバサダーを任命するなら

エンドーサーの後にまたカタカナで恐縮ですが、次の話題は「アンバサダー」。**ア
ンバサダーは直訳すれば「大使」です。あなたの商品を世に格好よく広げ伝えて
くれる親善大使のチームを組みましょうという提案です。**その数に決まりはな
いですが5〜10名くらいのアンバサダーがあなたの商品に付いているとＨＰで
写真が並んだ時にクールです。ただ、その写真が各人パスポートみたいなのはＮ
Ｇ。その商品とアンバサダーの結び付きが伝わるものを揃えてください。例とし
てコスメブランド〈FAITH〉と、そのアンバサダーたちの写真を右頁に。こんな
統一された雰囲気でアンバサダーを並べると格好いいです。先ほど出てきた〈レ
ッドブル〉も、アウトドアの〈パタゴニア〉も**ブランディングに注力している会社
のＨＰには、このようなアンバサダー紹介ページがあるものです。**アンバサダー
を通じてブランドとしてのメッセージを伝えているのです。

アンバサダーは
背伸びして届くプチセレブを

アンバサダーは芸能人である必要はありません。お金を払っての契約ではなく
純粋に商品のファンとしてやって貰うことがベスト。それ故に事務所に所属し
ていない人をアンバサダーにするのが基本。とはいえ、そこは大使ですから一般
人以上の影響力がないとブランディングに効きません。**ポイントはプチセレブ
です。**全国区ではないけれど地域や業界で局地的に名があり、**自身のファンとコ
ミュニティを持っている人。そんなメンバーを集めてアンバサダーにするのが
適当です。**たとえば、あなたがキッチン関連の商品を扱っているなら、地域で人
気の料理教室の主宰者はどうでしょう？　あなたの商品のコンセプトに合いペル
ソナに響くようなプチセレブ感があるなら彼女にお願いするといいです。こん
な調子で**5〜10名集め、いい写真と共にＨＰや印刷物で紹介を。**アンバサダーに
報酬はなくてもいいし、多少あってもいい。物品の提供でもいいと思います。

コスメブランドのアンバサダーの例

—— フェイス アンバサダー ——

フェイスのコスメは選び抜かれたアンバサダーと
共に、その魅力を全国のユーザーに伝えています。

C.TAKIJIMA

H.KOTAKA

M.KURIHARA

M.SHIGETOME

M.TAKEDA

C.PARK

アンバサダーよりもお気軽に 楽しいイベント性ある広げ方

ワンバサダーで広げる ワンちゃんのシャンプー

商品のことを発信してくれるアンバサダーを任命し、商品の拡販やイメージづくりを行うアイデアを提案しましたが、より気軽にできる案もいくつかここに。右頁は大阪のシャンプーメーカー〈フォーフルール〉がリリースした人間用のプレミアムなものと同じレベルでつくったワンちゃん用のシャンプーです。そして、それを広げるために起用したのがアンバサダーならぬ「ワンバサダー」。いや、何のことはないです。「飼い主さんとワンちゃんが一緒にシャンプーを楽しんでいる写真をください。それをインスタに載せていきますので」という、ゆるい企画です。その飼い主さんとワンちゃんのペアで"ワンバサダー"です。が、**実際こういうネットに写真載せます的な企画では「自分の顔は、あまり出したくない」という方も日本には多いです。このワンバサダーの場合、シャンプー時の角度やアクション、その泡で飼い主さんの顔は隠せる**というのもいいところです。

お客さまとハッシュタグで 広げるのに長けたブランド

2007年にLAで誕生した〈alo〉というヨガウェアブランド。インスタグラムの重要性にいち早く気づいた〈アロー〉。まず行ったのが自分たちのヨガウェアをヨガの先生に配布したこと、またそれを着て難しいポーズをした写真を各人にアップしてもらうというお願いでした。先生たちにとっても、ここは腕の見せどころ。**クオリティ高い技と美しい写真を競うようにあげていき、結果これは同ブランドを瞬く間に世界に広げることに貢献しました。**また一般ユーザーに向けては、こんなことも…。「alogives」とインスタ内で検索をすればヨガウェア姿の方々が手の平などに数字を書いた美しい写真がたくさん出てきます。これは各人がヨガを始めた年齢です。#alogivesという**ハッシュタグを付けて皆アップするので毎日写真は増加します。これもブランディングの一環。**そしてアローが展開する子ども向けヨガ教室(社会貢献活動)も兼ねています。

ＢtoＢの商材でもアンバサダー制度はあり。その際は個人のみならず取引先企業をアンバサダーとするのもいいかも。

第 **9** 章

ブランディングとしての
什器・ＰＯＰ＆販促品

For Better Branding

STRATEGY 01 | 卸す時は商品だけが 売りものと考えないこと

売り場に世界観をもたらす 什器やPOPのセット

輸入や卸として商品を販売している会社は日々B to Bの営業をされていると思います。そのシチュエーションでできるブランディングとは何か？ ひとつは**商品自体ではなく、商品の周辺を飾るPOPや什器といった販売店が使えるものをマルっと用意することです**。扱っている商品のタイプ・単価・サイズ、また小売店の売り場面積・販売員・雰囲気によるところもありますが、たとえば幼児用食器の〈iiwan〉の場合、卸先である小売店の商品棚を彩るものを揃えています。販売店が使える販促キットがあると、きっと営業は今よりうまくいきます。営業がうまくいくと自信を深めるスタッフが増えるので会社に勢いもつく、これが私がコンサル経験上いえることです。そして何よりも世界観やイメージ、そしてストーリーを伝えることで売っていくのがブランド。商品のみならず、こういったモノもセットで揃えるのは極めてブランディングといえます。

統一された什器やPOPは 営業を格段にラクにする

繰り返しますがPOP・什器を含めた販促キットがあるメリットは「営業がラクになる」という点です。「営業をしなくても売れるようにするのがブランディング」ですが、小さくても偉大な一歩が、この販促キットの準備になります。B to Bの関係であなたの商品を購買する立場にある小売店のバイヤーたちは、いいものよりも売れそうなものを優先して仕入れます。だから、商談の時点から「この販促品があれば売れそうだ…」と思わせることが大事。正直、商品は似たようなもの、より安く仕入れられるものは他にもあるかもしれません。でも、**バイヤーが「この商品の周辺に、これだけ販促品キットがあるなら、こっちだな…」となったら最終的に選ばれるのはあなたの商品です**。小売店のスタッフは日々送られてくる段ボールを開けては陳列、接客＋立ち仕事…。忙しくて販促品やPOPをつくる暇なんてないです。これは我々ができる小売店へのサポートなのです。

販促品や POP もトータルで卸す

商品パッケージまでではなく販促品や POP も含めトータルでのデザインをデザイナーに依頼するのがブランディング。

バイヤーに対する
ブランディングが必要

什器・ＰＯＰ・販促品は
ひとつのパンフレットにする

什器やＰＯＰなどの販促キットは無償で小売店に商品の納品時に差し上げたり、有償で小売店側が購入するものがあってもいいです。大事なのは、その両方で選択肢がいっぱいあること。地域や形態によってお店も様々です。**販促品もサイズ的に置ける・置けない、メッセージ的に合う・合わないは小売店次第。選べるようにしてあげるのが親切です。**目指したいのは、その販促キットを旅行会社のパンフみたいに数ページでいいので薄い冊子にまとめること。冊子をつくる資金の余裕も販促品の点数もないなら１枚ペラでも構いません。いずれにせよ、**販促品や什器の全てを商談の現場に持ち込むのではなく、このパンフを小脇に営業すると格段にブランディングの香りが増します。**何より「売り場に商品の世界観をつくりたいので什器も一緒に…」と伝え、あなたの商品の為により大きな面積を貰えたら最高。それは営業とブランディングの双方で大きな成果です。

映像も販促品
ブランドの想いを伝える

第７章では動画について一緒に学びました。もし**商品のフィルムをつくるなら、そのショートバージョンも販促キットの中に入れましょう。**よく小売店の商品棚で繰り返しループで自動再生されている商品の映像を見かけますね。あれも販促品。スクリーンと共に小売店に無償でレンタルし、お客さまの足を止める為に使って貰えたら最高です。映像をつくったら使いこなす。これが一番のコストダウンですから、その点でも検討していただきたいです。ただ、**この小売店バージョンは、かなり短い映像に編集する必要があります。その棚の前を通るお客さまをハッとさせ立ち止まって観て貰うには15秒。長くても30秒。**これが販促品キットの一環としてあるべき動画の長さです。スクリーン付きのポータブルＤＶＤは安価です。映像をＤＶＤに焼いてループ再生できる状態で小売店に貸すでＯＫ！開発者や社長のインタビューの映像だけでも面白いかも…。

販促品や POP を揃えてパンフ化

販促品や POP のパンフを商談に用いるとバイヤー側との話も盛り上がり、「売れるかも…」という空気になります。

STRATEGY 03 | つくり手の想いを どれだけ強く伝えるかがカギ

商品を置いて貰うではなく 売り場に世界観をつくる

ここまでを一旦まとめると、商品ブランディングは単に商品の営業・販売を考えるだけではないということ。**ポイントは小売店の中に「どれだけ什器や販促品で独自の雰囲気、もしくは大きな面積をつくれるか」**なのです。その雰囲気や面積、他の商品とは違うなと思わせる空気を"世界観"と私は呼んでいますが、あなたの商品に世界観があれば売場で目立ちます。世界観があれば、お客さまは「カッコいい」「カワイイ」と、その世界観ごと商品を買っていく錯覚をするので他社に比べて多少割高でもモノが売れることにつながります。これはカフェも同じ。人は1杯のコーヒー自体にお金を支払っているわけではなく、そのカフェの雰囲気…つまり世界観にもお金を払っています。そのカフェの世界観が好きだから1杯600円であろうとそこに飲みに来ます。**ブランディングでは商品を置いて貰う為だけに営業をしません。小売の現場に世界観をつくるために営業をします。**

究極的に目指したい ショップ・イン・ショップ

たとえば電化製品の大型量販店に行くと〈アップル〉の売場だけスッキリ。シンプルにデザインされた一角には凛とした空気が。まさしくアップルの世界観です。それを追って最近は国内の携帯キャリア各社も大型量販店の中に独自の世界観を一角に築くようになりました。このような**店舗の中の一角を「ショップ・イン・ショップ」**といいます。什器やPOPで商品棚を彩ったら次なる商品ブランディングの目標は、あなたの商品を取り扱う小売店の中にショップ・イン・ショップをつくること。アップルのように大掛かりなものではなく本当に小さな一角で構いません。常設ではなく期間限定でも構いません。商品ブランディングで大事なことは「なるべくダイレクトにつくり手・売り手のメッセージをお客さまに届けること」です。**ショップ・イン・ショップは文字ではなく空気そのものがブランドからのメッセージ。ブランドの構築に大きく貢献するはずです。**

LEVEL 1

商品のみの卸や小売り
（メッセージとしては弱い）

LEVEL 2

商品とPOPのセット
（少しだけ訴求力アップ）

LEVEL 3

商品＋POP＋什器で販売
（ブランディングらしい）

LEVEL 4

ショップ・イン・ショップ
の展開
（お客さまに世界観が伝わる）

お金をかけずとも明日からできる売り場づくり

段ボールだけでもここまでできる商品棚

ブランディングに注力する会社は、小売店に商品と共に卸す什器にも知恵を絞ります。右頁の写真は、日本や海外からペットもそのオーナーも楽しくなるグッズや食品をセレクトして販売する〈ライトハウス〉。全国各地のペットショップでも、この会社の商品が目立っている要因は什器のよさ。**商品だけではなく、その什器で彼らの世界観が売り場に伝わっているところが優秀です。**「こんな立派な什器をつくる余裕はない」という方も多いでしょう。ブランディング上はオリジナルの紙・段ボール製の什器をつくるに越したことないですが、コスト削減のために無地の既製の什器に、あなたの商品のステッカーをつくり、それを貼付も手。プリント代やロット数の調整で節約ができます。ネットで『店舗 ディスプレイ 段ボール 紙 什器』と検索してみてください。〈売り場職人（https://www.ddbox.jp/）〉なんてオススメです。

その他のバイヤーに喜ばれる什器・販促品

什器といっても棚っぽいものから、レジ横に商品を並べるスタンドまで、その種類は無限にありますが、**考えていただきたいのは「小売店に喜ばれる什器・販促品」**です。たとえば"座布団"と私は呼んでいますが、右頁のように商品棚で商品を一段高く見せるための台。味気ない台では意味ないので商品コンセプトに沿ってベルベット・畳・皮・人工芝を貼るなどして多少はセクシーに加工して欲しいですが、この座布団は簡単かつ喜ばれる什器です。販売店の床に貼って貰う巨大ステッカーを販促品として提供し、ひとつでも多く商品が売れるようにするのもアイデアです。どこのお店もフロア自体は寂しいですからね…。巨大ステッカーといえばスーパーマーケットのようなカゴがあるお店なら、その底に貼るものもそこそこ喜ばれます。**『他社がやっていることをやる』は戦略ではありません**。よく販売店の現場を研究し、他がやっていない什器・販促品を、ぜひ！

STRATEGY 05 | ブランディングでは POPに仕事をしてもらう

POPをお店任せにせず
統一感のあるものに

大抵の販売店の現場は忙しい！ POP自体をつくっている場合ではないのが現状です。なのでPOPも我々側からの提供を前提に話を進めましょう。しかも、ここは前出のようにブランディングですからデザインが美しく統一されたものを用意します。POPというと「今売れています」「迷ったらコレ」「TVで紹介されました」となりがち。しかし、**ブランディング上のPOPで大事にしたいのは『つくり手の想い』です。**つくり手の想いを顔を見せながらPOPで紹介。まずこれが基本です。またブランディングは"ちがい"を見せることも大事。**競合商品と何がちがうかをPOPに語って貰う**のもアイデアとしてはいいと思います。アンバサダーをPOPで見せていくのもアリです。格好いい写真＆コメントと共にアンバサダー各人のPOPをつくれば、それだけでもバラエティに富みます。

小売店のある地域や客層に
寄り添ったカスタムPOP

POPをつくるならデザインで美しい統一感を出すだけではなく、たくさんバージョンちがいを用意していきましょう。たとえばチェーンの小売店でも店舗のある地域によって客層も違えば購買意思決定の要因、つまり響くコピーや要素も異なります。飲むデオドラント〈ボディミント〉が卸先のチェーンの小売店に向けて行ったのが、まさにその作戦。**全店舗の店長数十名が集まる場でプレゼンし、「皆さまの店舗に合うPOPを、ここから選んで」とたくさんの選択肢を出しました。**そのPOPづくりを通じた店舗への寄り添い方に共感が集まり、皆が売る気満々に。結果、そのチェーンで商品は大ヒットとなりました。ちなみに私は過去にたくさんのビジネス書を出していますが、その都度同様に書店に向けたPOPをバージョン違いで複数つくります。駅構内や空港の本屋さん、街中の本屋さんでは客層や立ち寄る理由も違いますからね。

“選べるPOP”の用意をする

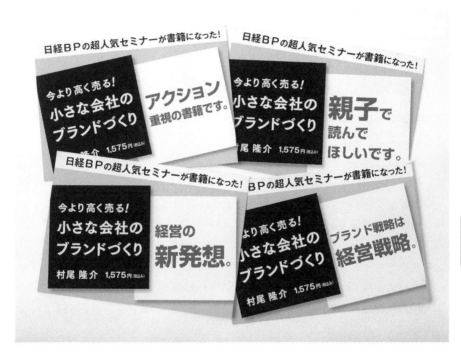

『今より高く売る！ 小さな会社のブランドづくり』

書籍『今より高く売る！小さな会社のブランドづくり』（日経ＢＰ）のリリース時に用意したキャッチコピーちがいのＰＯＰ。各書店の店長さんや仕入れのご担当の方に地域の客層に合うものを選んでいただく方式で配布。ちなみにニュースづくりのために発売日前後に〈72時間書店マラソン〉と題し、走ってＰＯＰを都内のたくさんの書店に著者自ら届けるイベントも行いました。

久々にペルソナの登場。POPのバラエティはペルソナがお店に来た時の気持ちや理由を想像しながらつくります。

ここで売っていることが特別に見えるように

ブランディングの世界では小売店の入り口も重視

ブランディングの世界では時に"お店の入り口"を使って商品の価値を上げることをします。まずは見ていただきましょう。右頁のステッカーはお店の入り口、場合によってはレジ横などに貼って貰うためのもので我々卸す側から提供します。**内容は「〇〇（商品名）は、ここで扱われています」とか「〇〇を売るオフィシャルショップ」という感じです。事例のように英語で書くと、デザイン的にはよりクールになります。**サイズはお店の入口のドアで見かけるソフトバンクなどの「Wi-Fiあります」のステッカーと同じくらいがいいでしょう（それと同列で貼られるイメージで）。佐賀の家具メーカー〈GART〉は、これを更に応用し、自社の家具が使われている職場や施設に『ここではガルトが使われています』というステッカーをつくり入り口に貼って貰っています。こうすることで宣伝にもなり同時に自分たちの商品ブランドとしての価値上げができます。

商品を扱う小売店を上手にＨＰで見せていくこと

小売店の入口に貼るステッカーの話は見方によっては我々側からの無理なお願い。我々が用意したロゴ入りのステッカーを他社の大事なお店の入口に貼付して貰うわけですから。だから大前提として、**そのステッカーがいいデザインでお店側が喜んで貼りたいと思うようなものじゃないとダメ**。また簡単に老朽化しないようにＵＶ・雨風対策済のステッカーにするのも配慮です。そして、そんな小売店とのWIN-WINな関係の為にもステッカーを貼って貰うのと引き換えに我々も全力でお店の紹介をしていきましょう。どこで？　たとえば、**あなたの商品のＨＰ。単に取り扱い店を文字で見せるのではなく、商品を取り扱ってくれている店舗を右頁のように最大価値化して見せていく。**ここまですれば更にステッカーを貼ってくれるお店も増えると思いますし、既に貼ってくれているお店の満足度も上がります。ブランディングは細かな価値上げの積み重ねです。

ステッカー提供で商品を価値化

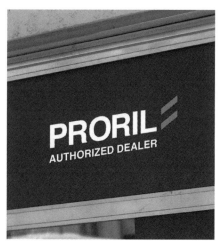

HP の中で取扱店を価値化

BEFORE

AFTER

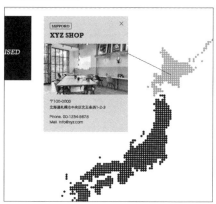

あなたの会社のホームページで、あなたの商品の卸先・取扱店を紹介する際にもひと工夫を。上記の Before のような退屈な見せ方ではなく、卸先・取扱店が輝いて見えるようなアイデアが欲しいです。ブランディングとは商品を特別なものに見せていく行為。売っているショップも、そう見せていくこともブランディングのうちです。

ただのノベルティは失格
考え抜かれたものを用意

ノベルティが
必要になる場面とは？

販促品に関する章なので最後はノベルティにも触れていきます。商品ブランディングにおけるノベルティはBtoBの営業時や見本市、キャンペーンやテコ入れの際に必要です。商品ブランディングでは我々企業側から発信する"全て"の印象が大事です。商品自体の印象は当然、そこに関わる人、印刷物やネット上での発信、商品棚のつくり方からPOPのコピーに至るまで、そのひとつひとつが"印象"です。それらの断片的な印象がお客さまの頭の中である程度のサイズの塊になると、それがブランドに変わります。そして過去の経験上、私はノベルティが良くも悪くもブランディングに大きく影響すると感じています。せっかく他の部分のブランディングを**一生懸命やってきて商品コンセプト通りの印象を世間に与えてきたのに、ノベルティに力を入れず退屈なものにしてしまうと、お客さまはガッカリ…。ノベルティはツメの差が出やすい部分です。**

ブランディングは
いちいち意味があること

「ノベルティ＝商品の印象」なので、ここで**何の考えもなしにボールペンやタオルに名入れしたりしてはダメです。ブランディングには全てのことに、いちいち意味があることが大事。**ノベルティひとつ取ってもです。受け取った相手がそこにウィットを感じたり、『すごく考えているなぁ』と思わせる何かをノベルティに込めてください。商品名やコンセプトにかけたダジャレでもOKです。たとえば潤滑油を販売する群馬の〈ルブテクノ・サービス〉は、相反するようですが営業時にオリジナルの"アブラとり紙"を手渡しています。すると必ず笑いが生まれ取引先とのコミュニケーションが円滑になります。**この会社が扱うのは提案型で売っていく商材なので、ノベルティを通じて「面白い提案をしてくれそうな会社だ」と相手に印象付けられたらブランディングとしては成功です。**これが単によくある社名の入ったトートバッグだったら結果は違っていたかもしれません。

単なる"名入れ"ではないものを

油を売っている会社だからこそノベルティは「アブラとり紙」

こんなアイデアのクリアファイルなら家での保存率も高まります

バラエティあるノベルティ
ブランディングで脱・普通

ペンやトートだけじゃない
ノベルティは∞（無限大）

そもそもペン・タオル・トートバッグ以外にもノベルティに成り得る品は無限大です。愛知県のハウスメーカー〈ネイブレイン〉はオリジナルのトイレットペーパーを１ロールずつ個装してノベルティとしていて大変喜ばれています。「使うのはもったいない」と、ご家庭のトイレに飾られている状態が多く広告効果は絶大です。ポチ袋も盲点。欲しい時に手元になく、コンビニで売っているのはイマイチ。あなたの会社がいいデザインのポチ袋を３枚セットで渡してイヤな顔する人はいません。レトルトのカレーも入浴剤もオリジナルのパッケージで幾らでもつくれます。「○○ オリジナル 作成…」で検索をして出てこないものはないといっても過言ではありません。また〈プレミアム・インセンティブ・ショー〉と検索してヒットすれば、それはノベルティグッズだけの見本市。カレンダーに○を付けておきましょう。訪れれば、きっとアイデアが湧いてきます。

ステッカーを上手に使えば
コストを抑えて効果は最大

ノベルティとしての「ステッカー」は安価で便利。スケートボード・スノーボード・サーフィンなどの"横ノリ系スポーツ"をやっていた人は使い方がうまいですが、そうじゃない大人はステッカーを貰っても、どこに貼っていいのか分かりません。手渡す時には「ＰＣや手帳に貼ってください」など指示付きが好ましいです。でも、あげるだけではなく我々自身も使えるのがステッカーのいいところ。無地のクリアファイルに貼ればオリジナルに早変わり。マグネットシートを貼って冷蔵庫バージョンにも転換可能です。**ステッカーをつくる時は単にロゴを入れるだけではなく、そこにメッセージがあるといいです。もちろんデザインも格好よくしないと大事な持ち物に貼る気は起こりません。**でも、いいのができたら最強のノベルティに成り得ます。貼って貰ったら長い期間残りますしね。海外は人気のあるノベルティで何かというと即ステッカーです、特にアメリカでは。

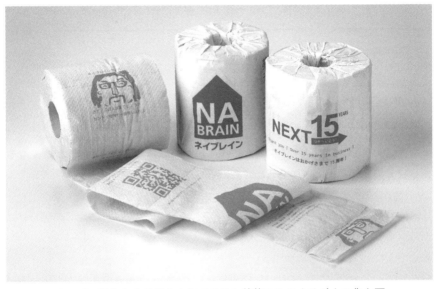

ペーパー自体もオリジナル化できるし外装のみのオリジナル化も可

ステッカーは安価なところをネットで探せば1枚数円で済みます

STRATEGY 09 | あなたのロゴが入って それは本当に喜ばれている？

ライフスタイルブランド
という究極のゴール

ノベルティの最後は「ライフスタイル・ブランド」というお話です。語感から石鹸やシャンプーをつくるブランドを想起する方も多いですがちがいます。**ユーザーの生活の一部、つまりライフスタイルにがっつり組み込まれ「それがなくなったら自分の生活は寂しくなる」といわれるレベルのブランドのことを指し、そう**いいます。たとえば多くにとって〈スターバックス〉は、それに当たります。コーヒーは他でも幾らでも飲めます（より安く）。でも、スタバ好きにはあの緑のロゴが付いたカップを持って歩くのがステイタス。ライフスタイルの一部なんです。多くの人にとっては〈アップル〉もライフスタイルブランドだと思います。〈ハーレーダビッドソン〉に至っては自らの身体にロゴをタトゥーで入れる人がいるほど熱狂的に生活に組み込まれています。**欧米のビジネスでブランディングは当たり前。企業はそこを超越し「ライフスタイルブランドになる」を目指します。**

お客さま以上の
ファンをつくろう！

あなたの商品のロゴが入ったノベルティを配ったとき相手の心の中で『…ロゴが入ってなかったらいいのに』と思われては元も子もないです。ライフスタイルブランドと呼ばれるブランドは当然そうは思われません。むしろ「ロゴが入っているから嬉しい、格好いい」といわれます。我々も目指すべきは、その頂きです。お客さま以上のファンをつくるのがブランディング。その為には**単にブランディングというレベルで今回のプロジェクトを捉えず、「自分たちもライフスタイルブランドを目指す」くらいの気概がある方が結局成功に近づくと思います。**で、その進捗確認で使うべきがロゴ入りのノベルティ。どのくらい受け手に喜ばれているかはいい確認の場です。鳥取の〈白バラ牛乳〉は70周年を境に、この点で大成功。本業の乳製品以外にも今はロゴが入ったTシャツから文具、その他雑貨が全国規模で超人気。見事ライフスタイルブランドにコマを進めました。

ライフスタイルブランドへの進化

📖 本書だけへのMessage

白バラ牛乳のグッズ展開のはじまりは、お年玉用に使うポチ袋からでした。70周年の式典のノベルティだったのですが、購入希望の方が殺到し直売所で販売を始めました。以来、新しいグッズを発売するたびに話題を集め、全国メディアへ取り上げられるようにもなりました。特に県外の鳥取県出身者の方に喜ばれ、今では鳥取のご当地土産としての地位を確立しつつあります。乳製品以外のところでも私たちのロゴを生活の中に取り入れてくださって本当に嬉しいです。

大山乳業農業協同組合　総務部企画室／広報担当　福井大介

日焼けケア製品の〈SUNBUM〉もライフスタイルブランド。グッズで消費者の生活を彩っています。

第 **10** 章

ブランディングとしての
営業・流通＆ネット販売

ブランディングは中長期戦略 やみくもに売らないこと

どこで扱われているか 誰と組んでいるかもブランド

ブランドと呼ばれる商品は、その商品自体のことだけではなく、その商品の周辺から世間に放たれるメッセージのようなものにも気を配らないといけません。この章でいえば、そのひとつは"販路"です。あなたの商品がどこで取り扱われいるかも、まさにメッセージ。それにより「さすが！ ○○で売ってるんだ」と思われたり、逆に「がっかり…、あんなところでも売ってるんだ」と思わせてしまったり…。販路のみならずデリバリーをするような商品ならば、それを運ぶ協力会社も、また商品が放つひとつのメッセージです。「配達をあそこに任せてるなんて"らしく"ないね…」と思われないようにパートナー選びも念入りにが大事です。実際、ブランディングに長けた会社は、そのことをよく理解しています。そういった企業は"らしいパートナー"を選ぶだけではなく、協力会社も含めブランドに関わるスタッフ全員の合同研修を普段から実施しています。

広く売るにしても 大事にしたい順番

「ブランディングを気にしてたら販路開拓が遅れる」というのも頷けます。一気に売って一気に黒字化したい気持ちは当然です。でも、ブランディングは中長期的な戦略。短期的に成功するのではなく「成功し続ける」ために行うもの。なので、いずれは販路を広げるにしても、まずは商品イメージを大事にする観点からの我慢や順番も考えたいです。飲むデオドラント〈ボディミント〉は海外からやってきたブランド＋高価格帯のイメージの商品に留めるために発売当初は〈PLAZA（当時ソニープラザ）〉〈ロフト〉〈東急ハンズ〉といった定価売り＋世間に影響力があるお店のみでの販売から始めました。そこから徐々に数年かけてドラッグストアやＴＶショッピングと販路を拡大。やろうと思えばそれら全てで最初から同時発売をすることもできましたが、それではイメージや価格面でうまくいかない。ブランディング重視の戦略的販路拡大を選択したのです。

販路もブランディングのうち

このお店で売っているなら、
いい商品のはず！

こんなところで売られている商品
ということは…

あなたの商品が「どこのお店で売られているか」も
イメージを左右

販路の開拓に順番をつける

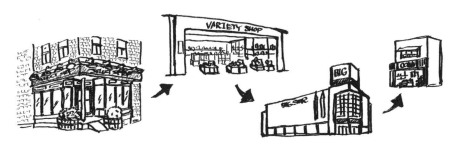

「一気に広く拡販」を我慢すると、価格とイメージの維持に効果的

247

営業先のリストの上から攻めてブランド構築

ブランディングとしての営業アタックリストづくり

B to Bとして小売店に商品の営業をかける際、そのアタック先のリストをつくると思います。もちろんペルソナや商品コンセプトに合った販売拠点をアタック先として挙げていくのですが、既に記したように大事なのはその順番です。どのお店に最初に置いてもらうのがブランドとしてのイメージがいいか? その後いつから他の販売拠点に取り扱って貰ってもイメージに悪影響はないのか? このあたりをブランディングとして考え、そしてリスト化を進めてください。商品・業界・商材・地域によって異なりますが、そのアタックリストのトップにくるような "いいイメージの販売拠点" は同時に商品を置いて貰うのにハードルが高いところである可能性も高いです。でも、**どうか高嶺の花と諦めないでください。そこに置いて貰えるように商品や販促品に磨きをかけることは極めて商品ブランディング。むしろ「いい目標を貰った」と思い取り組むべきです。**

あそこが取り扱っているなら…といわれる営業展開

アタックリストの上から攻めることを私は "頂上決戦" と呼んでいますが、それが成功し**トップクラスのお店に商品が並ぶと、それ以外の販売拠点への営業はラクになります。「あそこが扱っているなら安心」と商品への信用度と好イメージの高まりから話は面白いように進みます。**何度か事例で登場している子ども用のエコ食器〈iiwan〉は、その一例。アタックリストのトップを〈こどもビームス〉とし見事卸すことに成功。その後は「こどもビームスさんに置いてあるなら…」と営業がサクサクまとまりました。飲むデオドラント〈ボディミント〉も同様の戦略で〈PLAZA〉〈ロフト〉〈東急ハンズ〉といった頂上的存在の店舗に卸すことでブランドを築いていますが、このようなお店もまたブランド。取引前にPL保険に関しても細かなルールが課せられます。でも、かえってそれがいいんです。それにより商品は一段と磨かれますから。

ブランドに貢献する販路を開拓

高値で売りたいのなら
高嶺の花と思える販路の開拓を。
そこにチャレンジすることで
商品はより磨かれていくはず。

販路を"上"から攻めると後が楽

「あそこのお店に置いてあるなら、
うちも喜んで取り扱いますよ」
こういわれるような営業はラク。
ブランディングは営業を楽にします。

ブランディングは
値決めが巧みであってこそ

２割の利益を乗せて
ハイ終わりではない

ブランドと聞いて「値段が高いこと」と連想する人は多いです。が、実際は各価格帯にブランドは存在します。〈スターバックス〉は世界的なブランドだけど〈ドトール〉だって愛すべき安価なブランド。〈エルメス〉は誰もが認めるブランドだけど〈ユニクロ〉も低価格帯ながらブランドです。よって、必ずしも「ブランド＝高価格」とはいえません。とはいえ、中小企業が低価格帯のブランドを狙うのは厳しいです。あなたより低価格を実現できる大資本に簡単に負けてしまいます。中小企業としての理想は"チョイ高"。少しくらい割高でも喜んで支払って貰える、そんな商品がいいですね。「値決めこそ商売」という言葉があるように商品ブランディングにおいて価格設定は大事です。**商品としての"メッセージ"も価格には含まれていて、モノによっては50円の差でも客層は変わります。**「原価に２割乗せてGO」とは異なるブランディング上の値決めを学んでいきましょう。

チョイ高でも買ってもらえる
それを考えてこそブランド

ザックリの計算で欧州のラグジュアリーな自動車ブランドの１台分の利益は国産車の10台分の利益と同じだそうです。人口が減りゆく日本で商売を続けていくならば売上を追うのではなく我々も利益をもっと考えないといけません。これが今ブランディングが注目されている背景でもあります。つまりは"チョイ高"でいく勇気をもっと、です。価格競争を強いられない会社は職場のクチグセからして違います。**合言葉は「価格を下げずに価値を上げる」です。値下げは誰でも思いつくこと。それを営業の現場で連発したら、いつもまでもビジネスの力は付きません。**「競合よりも２割高くても、どうしたら価値を感じて貰い、喜んでお客さまに買って貰えるだろうか？」を職場全員一丸となって考えるカルチャーを持つ会社が将来も強い会社として残っていくと思います。「価格を下げずに価値を上げる」への挑戦。ブランディングの大事な要素が詰まっています。

価格競争しない会社はクチグセが違う

「競合より安くすれば売れると思います」

もちろん、それは間違いありません。

でも、利益なくして会社は続けられません。

値引きをして売っていくを続けるとビジネスの力が社員にも備わりません。

「チョイ高でも売れるように皆で考えよう」

価格競争をしていない会社は、こんな感じ。

社員のクチグセやカルチャーが違います。

価格を下げずに価値を上げるという発想。

この繰り返しでビジネスの力は高まります。

払ってもらえるギリギリ
その挑戦がブランディング

あなたの業界の標準価格に
どれだけ上乗せできるか

自動車は4つのタイヤとエンジンで走ります。これは軽自動車もフェラーリも同じです。でも、この2者の価格差は桁違いですね。4つのタイヤとエンジンという**最低限のスペックに人が支払う標準価格に、どれだけプレミアムの価格を上乗せできるか？ それがブランディングにおける値決めです。**上乗せといっても青天井ではありません。あくまで、あなたが定めたペルソナと向き合い、その層が現実的に支払い可能な額じゃないと。でも、その範疇で「支払えるギリギリの価格」、これをひとつ(仮)の価格に。そこから商材・業界・立ち位置・地域・時代背景と競合関係を再考し前出の価格を上下させ微調整。こんなプロセスを経て値決めします。付いた価格に「高くない⁉」と思っても、ここまでやってきた**デザインやストーリー、色彩や梱包のことを思い返し、それらを総動員してお客さまに高いと思わせないようにする。それがブランディングです。**

"プレミアム"の部分に
含まれるべきもの

「商品ブランディング上の値決めは業界の標準的な価格に"プレミアム"を上乗せする」ですが、ただ値段を上げてはそっぽを向かれます。**上乗せのプレミアムな部分に、お客さまが価値や意味を見出せないと、その価格は独りよがりに。**タイヤ4つにエンジンが付いた最低限のスペックがある安価な自動車なんて山ほどあるのに、人はどうしてより値の張る"ブランド"を買うことがあるのでしょうか？ つまり"プレミアムな部分"には何が含まれるのでしょうか？ 機能、デザイン、ストーリー…。持つことのステイタス、買うことで入れるコミュニティ…。接客のクオリティに、買う空間のスペシャリティ…。他にもありますが商品のスペック以外に我々が提供すべきは、これら。既に半数は本書で触れていますが、全て含めて"ブランドが織り成す世界観"です。**ブランドは商品だけではなく世界観が丸ごと商品です。**

スペック以外にも価格を上乗せ

プレミアム部分に含まれるもの

デザイン性	ストーリー	歴史	社会性
環境への配慮	ステイタス	接客レベル	コミュニティ
ロマン	自慢	色彩	楽しさ
持つことで周囲に褒められる		世界的評価	売り手の考え
持つとスマートなイメージ		買うことで誰かが救われる	
使っていると自分の価値が上がる		ユーザー同士がつながれる	
モノ選びのセンスを承認される			…など

商品を買ってくださるお客さまが周囲から特別に見られるようにするには？ プレミアム部分を考える糸口になるかも！

STRATEGY 05 | ネットでの販売は ブランディング上慎重に

自社通販サイトは ネット上のフラッグショップ

〈楽天市場〉や〈ヤフー！ショッピング〉などのネット上のモールに店を持ち、そこで販売するのは楽チン。決済から顧客管理まで痒いところに手が届く数々のシステムは実に便利。そういったところへの出店に何ら異論はありません。が、ブランディングに注力している商品がネットでは楽天・ヤフーでしか買えないのは、そのイメージやメッセージとして如何でしょう？ **リアルな世界でも"本店"という存在がブランディングに大きく貢献するようにネット上にも"本店"のような位置付けで、あなたが全てを管理する通販サイトがあった方がいい。**自社の通販サイトならスペースを贅沢に使い大きく商品を見せることができます。キレイな写真と共に丁寧な文章で心揺さぶる商品説明もできます。そんな通販サイトがあったら、それはまさに旗艦店。あなたのフラッグシップ・ショップです。ネットモールへの出店・出品だけではブランドの世界観を伝えきれないかも…。

卸先や並行輸入 ネット販売はカオス化必至

商品ブランディングにおけるネット通販は悩ましいもの。ネットの世界は日々進化し流行り廃りも激しい。最新の技術やデザインで自社の通販サイトをつくっても即古めかしいものに。あなたの卸先がネットで販売を始めるなら価格競争も必至。それがアマゾン上なら分刻み＋10円単位の攻防になります。輸入商材なら続々出てくる並行輸入者との格闘もあるし現地から直接ネットを介して日本の消費者へのアプローチもあるかも。ネット通販、それは自然とカオスの道へ続きます。あなたがエネルギーを費やしキレイな写真と丁寧で心揺さぶる文章で自社の通販サイトを築いても、それらは毎日コピペでパクられます。パクった相手は定価で売るあなたより安い価格を商品に付け、お客さまもそっちへ流れる始末。**それでも自社の通販サイトはある方がいいです。消費者に向けて「売る」というよりも、商品に関わる関係者に「見せる」という感覚で。**

自社通販サイトはネットの旗艦店

商品の価格と
スペックしか
わからない…

商品や会社のこと、
その世界観や
ストーリーも知れて
嬉しい！

255

STRATEGY 06 自社の通販サイト 外してはいけない点

大元の通販サイトは「教育」
手本を見せるという姿勢で

「自社の通販サイトを商品に関わる全ての人にとって"教育"になるようにつくる」。この背景には28頁で出てきた『インターナル・ブランディング』があります。マーケティングと異なりブランディングの活動は"対内的"にも行うものが半分を占めます。つまり、商品に関わる協力会社を含めた関係者全員に向け「自分たちは商品の世界観はどんなものか?」という教育的なアクションを常に我々は行わないといけないのです。が、現実的には関係者全員集めての研修を頻度高く行うのは難しい。そこで利用したいのが自社の通販サイトです。**写真の見せ方、セールストーク的な説明文、商品のストーリーや開発の背景、お客さまへの応対やアフターケアへの案内なども他のネット上の誰よりも丁寧に示せば、それが自然とお手本に。単なるEコマースではなく教材となります。**この姿勢が自社の通販サイトづくりのブランディング的なアプローチです。

教育にも代わる通販サイト
これらの要素があるといい

では、どのような点に気を付けて自社の通販サイトをつくればいいのか? **基本的な考え方は〈楽天市場〉などのネットのショッピングモールにできないことをやる**です。たとえばデザインをスッキリさせること。写真を主役にして文字ではなくイメージで伝えること。これは既にHPの話がメインの第7章でも説明しましたね。その写真自体のクオリティも第6章を再確認で。キレイに撮られた商品の写真のみならず、つくり手・開発者の格好いい写真や、どこでどうつくられているのかといった場所や過程もあるとブランディングらしいです。自社の通販サイトだからこそ色使いも自由自在です。第5章でやったキーカラー・OKカラー・NGカラーも徹底で。文章のトーンや文字数に関しては第6章でヘビーにやりました。追記するならば、たとえばクリックするボタンのデザインの美しさにも、自社の通販サイトならこだわりましょう。センスの見せどころです。

公式通販サイトは関係者が学ぶ場

この発想は海外進出、つまりあなたの商品を輸出する際にも大事です。商品に関わる人への研修・教育は絶え間なく。

ネット通販同士のパクリ どうやって防いでいくか？

写真や文章のパクリ防止
この点をあらかじめ加味

卸先や並行輸入者はクオリティ高いあなたの自社通販サイトの写真や文章、図解やチャートをパクって自分たちの通販に使います。あなたがコストと労力をかけたのにガッカリする話ですが、各々の通販サイトがダサい写真と文章で商品を売り、そのイメージを著しく崩されるなら格好いい写真・文章をパクって貰った方がいいという考えもあります。この時代に完全なるコピペへの防御策はありません。パクられた写真を他通販サイトで見つける度に警告文を送るなんてしていたらキリがないですし、かえって自分自身がブランドのイメージを損ねることになるかもしれません。**多少の抑止力になるのは写真のモデルをあなたの会社のリアルなスタッフにすること。それが身体の一部でも構いません。**商品と共にスタッフが映っているとさすがにマズイとコピペの手が止まるようです。が、それがいかにも雇ったモデルだと躊躇なくパクられます…。

攻めることでパクリ防止
プレスキットの提供を

写真・イラスト・図解・データ・文章・ロゴ・登場メディア…。はじめからネット上でパクられそうなものは「こちらから提供してしまおう」という攻めの姿勢が実は一番の防御かもしれません。ぜひ、その観点から「プレス・キット」というページを、あなたの自社としての通販ページの中に組み込みませんか？そこには関係者が使える写真・図解・ロゴなどがデジタルデータの状態で用意されておりダウンロードし放題。もちろんパスワード管理をしたり、注意事項を書いたり、はたまた写真の上にロゴを載せて公式感を出した方がいいです。何の考えなしの野放しではいけません。ここでいう "PRESS" とは報道・出版という意味で本来は取材時に**メディア関係者に提供するデータや写真がセットになっているものがプレスキット。ここではそれを応用・発展させて商品の販売に関わる協力者全てに公式に提供する仕組みをつくろうという提案です。**

商品の写真のパクリ防止案

自社社員をモデルとして登場させる

写真上に必ずロゴを加工して入れる

プレスキットでロゴや写真を提供

プレスキットというページを HP に設け、公式にロゴや写真など販売店が必要なものを提供

> プレスキットでロゴを提供する際はアドビ・イラストレータのデータ（AI）と JPEG の両方を用意すると親切です。

アマゾンはブランディングの敵か味方かを見極める

ブランディングと逆行⁉
アマゾンとどう付き合うか

ネット通販の話題で触れないわけにいかない〈アマゾン〉。そこは商品のストーリーや世界観なんて無関係の世界です。お客さまは同じ商品を扱っているお店を比較し10円でも安く、また早く届くところを選びます。**もしも商品のストーリーや世界観を知りたかったら、アマゾンのサイトから一時だけ外れあなたの会社がつくった通販サイトを参考のために訪問。でも、結局は決済も超簡単なのでアマゾンで買うことになるでしょう。**また今は副業時代でもあります。商品にもよりますが、あなたの会社には「アマゾンで売りたいので、ぜひ卸を…」という連絡が個人事業主や小さな会社から入ることも予想されます。商品ブランディングに取り組む人は今、皆アマゾンとの付き合い方という問題を突きつけられています。アマゾンを脅かす存在は、しばらく出てきそうもありません。この段階で付き合い方を決めましょう。

すべての比較対象はアマゾン
知ろうとしないのは素人

本書執筆の時点でいえる**アマゾンとの付き合い方は、自社通販サイトと並行してアマゾンでも売ってみる**です。あなたの卸先がアマゾンで売りたいといったらそれも許可で。アマゾン上で価格競争になっても大元の我々が大幅ディスカウントするわけにはいかず結果我々の商品は売れないでしょう。でも、アマゾンのことを売り手として内側から知ることができます。今後しばらく小売の中心はアマゾンになります。ネットで買い物中の人は必ず、アマゾンにもその商品がないか探します。リアルな小売店であなたの商品を目前にしても、お客さまはスマホ片手に「アマゾンにもないかな？」と探します。**比較対象が全てアマゾンである今、アマゾンを知らずに商売をするのはマズイ**ですが、知ればたとえば「アマゾンペイは便利。自社サイトで採用しよう」とか「アマゾンと差別化？ 手書きで感謝の手紙を同梱しよう」などアマゾンを軸にして作戦を立てられます。

アマゾンが常にあなたの比較対象

🔍 あなたの商品が発見されても「アマゾンにはないのかな？」と比較

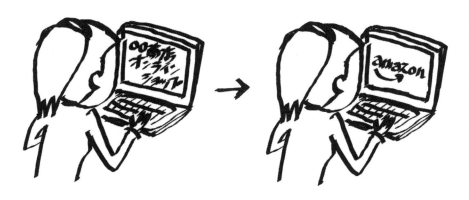

🔍 アマゾンでは伝えられない商品や会社の魅力を自社の通販サイトで

アマゾンとの上手な付き合い方を模索するのも今や商品ブランディングの一環。アマゾンの影響は今後も拡大しそう。

卸をするならネットで完結
通販同様に専用サイトを

卸売もネット完結型に!?
働き方改革の一環として検討

できる商材と、そうじゃない商材で分かれますが、**もしもあなたの扱う商品でできるなら卸売もネットで完結することを考えてみてください。B to Cのネット通販とは別に、あなたの会社が卸売専用のサイトをつくります。**支払いもサイト内でクレジットカードやペイパルで済ませられることが理想。送り方もお客さまの好みとコストに合わせてゆっくり型から、早いけど高い運送料のものまで選べるといいですね。在庫の数はもちろんリアルタイムで分かり、卸ですから発注数によりディスカウントになるのもサイトの仕組みで自動計算。見積もりは不要です。これまで営業担当が電話やFAX、はたまた直接会って受けていた小売店からのオーダーをサイトに働いてもらう。**これにより営業部隊の数や負担を減らし、浮いた時間で商品のブランディングを強化できたら最高です。**258頁で触れたプレスキットも、このサイトで提供するとなおいいと思います。

卸売のサイトを最初から
全世界対応型にしておく

これまでの海外への輸出・卸売といえば現地で代理店を探し、その会社と契約。あなたは商品をその企業に送るだけで、その国の小売店に向けての営業はしません。それは文字通り代理店が代理をします。その大元となる代理店探しのために、あなたは外国の見本市にブースを設けるのが海外展開のやり方でした。が、**このスタイルは変わりつつあります。今は前述の卸売専用のサイトで海外の小売店も直接商品を購入。**発注数によって卸価格が下がったり、その国に向けての送料もサイト内で自動計算される仕組みになっており支払いもクレジットカードやペイパルが普通です。アフターケアやメンテナンスが伴う商材は難しいですが、衣類や雑貨などの場合、**こんな機能を卸売専用サイトに加えれば、それだけであなたは海外進出が可能に。**もちろん卸サイトのID・パスワードを発行する前に、商品を購入希望する海外の小売店の信用度チェックはマストです。

卸専用の通販サイトに注力を

輸出先のルールは当然順守で。日本では OK でも他国で禁じられている素材や表記に関するルールの違いも多いです。

値下げの前に考えたい
廉価版やネット専用ブランド

ネット販売専用のブランドを
始めるという発想

この章ではネット通販や価格設定について説明してきました。商品ブランディングでは「価格を下げずに価値を上げる」が基本姿勢。でも、実際ネットは値下げの世界…。相反しているところもあります。そこで**ひとつのアイデアとして考えたいのは、あなたの会社の"ネット通販専用の商品"もしくは"ブランド"の投入です。**たとえば電化製品の場合、そのメーカーが直販するネット通販サイトで価格を下げることはしません。が、そこでしか買えない限定カラーやバージョンを時折リリースすることで価値をアップ。定価でも買って貰える状態をつくっています。**ひとつの商品だけではなく"ネット専用のブランド"の起ち上げの例もあります。**アパレルブランドの〈Yohji Yamamoto〉はリアルの店舗で買えば高価格帯ですが2011年に〈S' YTE〉というサイトのみで売るより安価なブランドを開始。ファストファッション全盛期にも価格を下げずに価値を維持しています。

1回の売上ではなく
一生の売上を視野に入れて

アパレルブランドの事例ついでに、もうひとつアパレル業界から学びましょう。**ブランド戦略における大事な発想は「1回の売上ではなく一生の売上で考える」**です。お客さま以上のファンづくりが真髄ですから1回こっきりリピートなしなんてあってはいけません。その点アパレル業界は、お客さまと一生付き合うことをよく考えています。たとえば〈ジョルジオ・アルマーニ〉は説明不要のハイブランド。高価格帯で"憧れの的"です。でも、それ以前に手を伸ばしやすいカジュアルなブランドが右頁のように用意されており、実は顧客づくりは"ジョルジオ以前"から始まっているのです。**アパレル業界の各社は、このように世代と購買力に合わせたブランドをひとつの傘の下に複数展開しています。**アパレルの世界では廉価版のブランドを"ディフュージョン・ブランド"や"セカンド・ブランド"と呼びますが、もっと他の業界でも取り入れていいかもしれません。

1回の売上ではなく一生の売上

アルマーニ・
エクスチェンジ　➡　エンポリオ・
アルマーニ　➡　ジョルジオ・
アルマーニ

プレミアム＆セカンド（ディフュージョン）ブランド例

SECOND ————————— PREMIUM

チューダ

ロレックス

"ディフュージョン" には「普及」という意味が。値が張るブランドを普及させ次の顧客をつくるために起ち上げます。

営業資料や営業の格好
これがブランディング

営業先への提案資料
それも含めブランディング

営業の話も、この章のトピックのひとつでした。今後あなたは卸先のバイヤーや協力会社に向けて商品についてのプレゼンを多々行うことになります。**ブランディングですから従来型の"ザ・商売"という感じの資料とプレゼンではなく、そこからして商品の世界観全開で聞く人を魅了していきましょう**。商品ブランディングは"一段上の商品を見せていく"という作業です。まずは商品に関わる各人が「この商品は、ちょっと違うぞ」と思ってくれないと、そのメッセージはお客さままで到底届きません。また**商品ブランディングの半分は"対内的に行うもの"です。このプレゼンや資料のつくり方を通じて商品のデザイン性や世界観を伝えていくと効率的＆効果的です**。これまで見てきたフォント・文章・色使い・写真のクオリティなどをプレゼン資料で発揮していきましょう！"営業用資料のひな型"は本書の特設ＨＰからダウンロードできます（ＱＲコードは右頁に）。

営業時のスタッフの格好
そこを怠ると「×０（ゼロ）」

営業用の資料を整えるだけでは足りません。それを持って営業やプレゼンをするスタッフの恰好や立ち居振る舞いも含めて商品だったり、その世界観だったりという考えもないと。50頁で建築資材の輸入販売業〈マテリアルワールド〉が商品を買ってくれるバイヤーのペルソナをつくり、その層にウケる服装に変えて商談を成功させてきた話を書きました。それまで一般的なスーツで営業をしていた当人の堀部朝広さんは当時を振り返り、こういいます。「ネクタイなしで営業に行くことに大変な抵抗がありました。でも我が社の商品のバイヤーは多くの場合オシャレな女性。くたびれたスーツよりも爽やかなセレクトショップの店員さんのような格好で商談をする方が喜んでもらえるし、何よりうちの商品の世界観に合っています。うちは建築商材のセレクトショップですからね」。商品ブランディングにおける営業って、こういうことなんです！

営業時のプレゼンツールにもツメ

〈iiwan〉の基調色の黄色で統一されている営業ツール。
各所での営業プレゼンでも強烈な印象に（この写真は白黒ですが）。

営業時の服装もブランディング

〈マテリアルワールド〉の営業は、それまではスーツ＋ネクタイ姿のTHE営業というスタイル。
ブランディングを境に営業時の格好を変え商品のプレゼンを。

本書の特設HPの
QRコード

商品のブランディングをしても、その商品の営業スタッフのブランディングまで気が回っていない会社は多いです。

営業資料の周辺にもこだわり ＝ブランドからのメッセージ

できる会社はここまでやる
資料を留める文具にも配慮

プレゼン時に営業資料は手渡し、その相手に置いておくというのが普通ですね。その際に**資料のデザインにはこだわっておきながら、その紙の束を留める文具やツール類にこだわらないのは残念。せっかくですから、そこも徹底していきましょう。**"ラスト10％のツメ"が発揮しやすいところです。たとえば右頁は幼児用食器の〈iiwan〉が関係者に手渡すときの営業資料のリアルな状態です。トウモロコシ由来のプラスチックでつくっている食器で、その基調色を黄色としているため、その文具もイエローで統一。会議室に揃った時は美しいし、そこからして世界観や商品として大事にしているものを関係者に伝えています。エコ関係の商品なら、あえてこういった文具を使わないというのもメッセージだと思いますし、色のみならず木のクリップなどでの演出もいいかもしれません。脱・いつもの文具と今オフィスにある文具！ 探せば今は無数にいいものがあります。

そのプレゼンと営業資料に
いい残り香はあるか？

プレゼン資料の周辺機器としての文具に続き、それを入れる紙袋やクリアファイルについても。右頁の下は福島・郡山市の〈八光建設〉のものです。クリアファイルには「福島を建て直す」という復興支援と建築面の両方にかかるスローガンを印刷。紙袋も同じフォントを使ったオリジナルのものを手渡します。白黒で申し訳ないですが、両方とも基調色であるHAKKOHレッド(赤)でできています。これらにプレゼン資料を入れれば、よりブランディングを徹底している印象になります。でも、これには続きがあります。営業で初めて訪問した後には72時間以内に感謝を込めて手書きで葉書を送ることを各社員でルール化しています。もちろん葉書もオリジナルです。ネットでの挨拶が普通の時代だからこそ、今とても響いて貰えるツールです。これらはいうならば、あなたの残り香。ブランディングのいい香りを営業先に残していきましょう。

営業時のプレゼンツールにもツメ

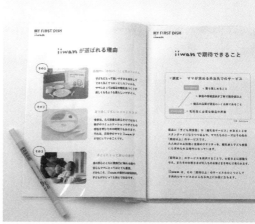

〈iiwan〉の基調色の黄色で統一されている営業ツール。
各所での営業プレゼンでも強烈な印象に（この写真は白黒ですが）

営業ツールと事後の葉書で残り香

福島県郡山市の八光建設が住宅の営業時に手渡すクリアファイルと紙袋。
そのミーティングの後には心の込もった手書きの葉書

第 11 章

ブランディングとしての
チームづくりとユニフォーム

マーケティングとの違い それはチームづくりにあり

商品に関わる人全てが ブランドの表現者であれ

この本のテーマはデザイン的な商品ブランディングだけではなく「小売店や協力会社などブランドに関わる全ての人との一体感」も重要視しています。何故なら、これがブランディングとマーケティングとの大きな違いでもあるからです。序章の29頁では図解付きで示しましたがマーケティングは100％対外的に行っていく販売重視のアクション。一方、**ブランディングは半分マーケティングと同じですが、もう半分は"教育的な内向きの活動"。商品の製造・販売・流通に関わる人たちにブランドのことを深く理解して貰い、その表現者となって貰うためのアクションをたくさん行います**。内向きに行うブランディングなので、この動きを「インナー・ブランディング」とか「インターナル・ブランディング」といいますが、そんな言葉が存在するくらい大事という表れです。ここからはブランドに関わる人たちの"チームづくり"について一緒に学びましょう。

インナーブランディング これらがやるべき事

"内向きのブランディング（インナー・ブランディング）"では、どんなステップで具体的に何を行えばいいのか。その流れの一例やアイデアは右頁に任せますが、**ひとつ明確にしておくべきは、これは単なる商品知識の伝達ではないということ**。それならどこの会社も商品をローンチする上でやっています。今あなたは、この商品を"一段上のレベル"にしようとしているのですから、まずは「この商品はブランディングにこだわっている」ことを関係者に伝えましょう。そして、**ブランディングはどうして大事なのか、なぜ今ブランディングなのかなど、この本の冒頭のようなことも関係者には**かいつまんで話してください。ブランディングに関する知識は全員ゼロと思ってコミュニケーションする方がいいです。もうひとつ内向きの伝達にコツがあるとしたら、「商品ブランディングは営業をラクにするためである」を随所で強調すること。より皆の納得感が得られます。

図解：インナー・ブランディング

お客さまに伝える
外向きのブランディングの他に
スタッフや販売店、
協力会社さんに伝える
内向きのブランディングという仕事がある

商品名の由来	商品が生まれた背景	色やロゴの意味
印刷物やフォントのこと	販促グッズの使い方	大切にしていること
商品のこだわりの部分	お客さま像	その価格が付いた意味
今後の展開やイベント	会社自体のこと	大事にしたい雰囲気
やってほしい接客	やってはいけないこと	…など

これらを商品に関わる人全てに伝え
浸透させることが「インナー・ブランディング」

ユニフォームが使える場面 できるだけ活用するのが近道

ロゴTシャツ＆ポロシャツ それだけでいいの？

心理学には「ユニフォーム効果」という言葉があります。駅前の放置自転車やタバコのポイ捨てが普段はさほど気にならなくても、仮に我々が警察官のユニフォームに身をまとえば注意したくなる可能性は大。この研究の結果は「人は着るもの次第で行動が変わる」というものでした。これをブランディングに応用しない手はない。つまり、**イベントや小売店の現場のみならず、なるべく多くの機会で「ブランドとしてのユニフォームを多用する」**です。私のコンサル経験からも研修を何度も重ねるより、格好いいユニフォームを準備した方がブランドとしての世界観の表現やチームへの浸透により早くつながる実感があります。とはいえ、Tシャツやポロシャツにロゴをプリントするだけなんてモッタイナイ。右頁に幾つかの事例を載せました。右頁上のコックコート姿はトマトジュースのブランドを起ち上げた高校生たちです。こんな勢いでやっていきましょう！

「色を合わせる」や 「雰囲気を合わせる」でOK

「うちはユニフォームないし、着る機会もないし…」という方がいたら**服装の色合いや雰囲気を合わせてください。ぜひともドレスコードを設け社員の見せ方を統一するを試してみてください。まずはイベント・見本市・研修の現場で試すのがいいかもしれませんね。**既に事例でも登場しているアウトドア系キッチンツールの〈アペルカ〉はブランドのデビュー時に社員全員同じではないけれどざっくり「アウトドアっぽいネルシャツで統一」とルールを決めイベントに臨みました。デジタルマーケティング会社の〈ベンチャーネット〉は自由な働き方を重視しているので、そのドレスコードはジャケット＋パンツのスタイル、そしてノーネクタイです。ひとりだけの写真では分かりません。でも、こうしてグループショットを見ると、どちらもその組織が大事にしていることが言葉なくとも伝わってきます。**ブランディングの世界では服装もまた"メッセージ"です。**

1 はトマトジュースをブランド化した高校生。2 は〈アペルカ〉。3 は〈ベンチャーネット〉のドレスコード。

みんな揃えば大きな面積
ユニフォームは差別化のカギ

商品ブランディングで使える
ユニフォームアイデア集

**ユニフォームがある会社・ない会社にかかわらずグループとして似たようなもの
を着る。そこにブランドとしてのメッセージを反映させる。**これが効くという感
触を前項で持っていただけたら今度はあなたの会社の番。どんなユニフォーム
にすべきか、ここではアイデア集として色々な事例を。東京・世田谷の家具店
〈MARUHIKO〉は納品時に基調色のダスターコートを羽織ります。ネクタイを合
わせるというのも面白い！ オリジナルのネクタイは簡単かつ安価、小ロットで
つくれるので機会があらば統一を。また、鳥取のＯＡ機器販売の会社〈スイコー〉
の事例。タイをつくる場合は裏のループもアイデア次第。この２社の場合は実在
のアパレルブランドのロゴをパロディに（笑）。〈スイコー〉は夏も営業はユニ
フォーム姿。揃いのシャツ・ベルト・スニーカーとチノパンが爽やかです。電気のコ
ンシェルジュ〈電巧社〉はワッペンがＱＲコードなのがユニーク！

技術屋やモノづくりの
作業着を恰好よくする方法

この本の読者はモノづくりの関係者も多いと思います。となると**現場は作業着
ですね**。その刷新をする際のノウハウを少しお話しします。**ポイントは２つ。ま
ず上下の色を"あえて揃えない"です。**従来型の作業服は薄ミドリやグレーで上
下の色が揃っているものが多いのですが、それは昭和から変わっていません。私
がコンサルの現場でつくる作業服はジャケットとパンツの色を変えています。
写真は神奈川県川崎市が拠点の〈アップコン〉。ビフォア／アフターを見ていただ
ければ、これだけで今風になり若手が喜ぶのが分かります。**２つ目のポイントは
女性には女性用の作業着をベースにユニフォームをつくること。**男性版のＳサ
イズを着てもらっても女性社員にはブカブカで不格好。今は女性用の作業着も
たくさんの選択肢があります。そんなボディ（元となる服）を使ってのユニフォー
ムづくりで見た目は大幅に改善されます。

1は〈MARUHIKO〉。2、3、4は〈スイコー〉。5は〈電巧社〉。6、7は〈アップコン〉

04 | ユニフォームにも ラスト10%のツメ

首から下げるID それも含めてユニフォーム

それでも「ユニフォームはつくらない、必要ない」という方に、ひとつ営業先で効果のあるIDカードへの切り替えの提案です。当然ユニフォームを刷新する方も、これは必見。ブランディングにおける「ラスト10%のツメの大事さ」は130頁から何度か繰り返していますが、**せっかく格好いいユニフォームに変えてもIDカードがアップデートされていないと甘いです。IDカードはユニフォームの一部なんです。**そもそも名刺サイズのカードとフォントを首から下げても相手には小さくて読めません。だから、まずはサイズの見直しを。私は"オリンピックサイズ"と呼んでいますが五輪を含む国際スポーツ大会の会場でスタッフが付けるIDのサイズ、これが大きいので理想だと考えています。色は基調色か、それを一部含むでいきましょう。ストラップもオリジナルであるといいです。ロゴをプリントしても、そんなにコストはかかりません。

会話が弾むIDカードで 営業としてのファンをつくる

では、**この大き目サイズのIDカードに何を載せるべきなのか？** 社名・ロゴ・名前・顔写真は当たり前ですが、オススメは**"お客さまとの間で会話のキッカケになる何か"**です。今ハマっているもの、やっていたスポーツ、出身地…。時には"マイ・ルール"や"好きな言葉"を書く会社もあります。いずれにせよポイントは営業先で相手との会話を弾ませる一歩目として、このIDカードを機能させること。そのための、このサイズです。それを見たお客さまが共通の接点を見出し会話が弾めば、営業は格段にラクになります。もうひとつ余分に買って貰える可能性も高まります。右頁の事例は先ほどの続きで鳥取・倉吉のOA機器販売会社〈スイコー〉のもの。営業・内勤、皆これを付けて仕事しています。クリームパンで確固たるブランドを築いた〈八天堂〉の販社も、このスタイルのIDカードでやってきた企業のひとつです。

営業で会話を弾ませる ID カード

営業先で会話を弾ませるための ID カード。名刺サイズは小さすぎ！ 写真のものは9センチ×12センチです。

ブランディングにはクレド ＩＤの裏で仕事観の共有を

ＩＤの裏面を使って 仕事観の共有を行う

「首から下げるＩＤカードは誰に持たせるか」。商品ブランディングを行っている商品に関わる社員だけでもいいし、小さな会社なら社員全員を対象に刷新でもいいと思います。まずは営業スタッフだけで手っ取り早く始めるのも賛成です。また商品のイベント時には臨時のスタッフ・外部のスタッフにも付けて貰うといいでしょう。ここは会社の考え方次第です。でも、その前にひとつ忘れないで欲しいのはＩＤカードの裏面。裏面には、このブランドに関わる全ての人が共有する行動指針を右頁の事例のように記しておいて欲しいです。このように箇条書きで綴られたザックリしたルールを「クレド」といいます。そのまま和訳なら"信条（信じてやまない行動指針）"になりますが、ここは「ブランドに関わる人と共有したい仕事観」としておくといいでしょう。マニュアルではなく心のルール。ブランドの"らしさ"の維持のために必要な仕事の姿勢を記しましょう。

仕事観の共有といっても 書いただけでは浸透しない

クレドは"べからず集"にするよりも"レッツ〇〇"というノリで書いた方が、よりブランディングっぽくなります。というのも首から下げている以上、部外者から「見せて！」といわれることも多々あります。そこに禁止事項が載っているより「皆でこうしていこう」という文の方が相手にもいい印象を残します。その書き方は右頁の事例の通りですが、これを書き終えて安心しないでください。大事なのは、このクレドをチームに浸透させること。浸透という話になると、すぐに唱和に行き着きがちですが、それでは昭和から変わらぬスタイル…。それよりも「うちには〇〇ってクレドがあるのだからこうしていこう」や、その反対に「〇〇ってクレドに書いてあるのだからやめよう」と普段の会話の中に枕詞としてクレドの文言を用いることです。これをリーダーが率先してやっていくと、チームも同じような会話をするようになります。これが浸透への近道です。

ID 裏に記したいチームのルール

BRAND VISION

私たちスイコーが目指すのは
お客さまの働き方をトータルコーディネートする
ワークスタイルデザイン企業です

CREDO

私たちは　自分から進んであいさつをします
　気の利いた一言と共に相手の変化に気づき声かけをします

私たちは　困っている人に自ら歩み寄ります
　人の痛みに敏感な私たち。凹む人に話しかけ笑顔に導きます

私たちは　身だしなみの清潔感を大切にします
　身につけるもの・姿勢・歩き方・座り方で周囲を不快にしません

私たちは　相手の話・意見にいつも耳を傾けます
　話し上手より聞き上手！話しかけやすい人をめざしています

私たちは　安全・安心をなにより最優先します
　何か起きた後に寄り添うより、未然に防ぐことを大切にします

私たちは　いつまでも自分を高め成長を続けます
　何事も夢中になれば成長。個々の成長が周囲にいい影響を

私たちは　＜チームSUIKO＞の精神を大切にします
　全事業が自分事、強いファミリー感で互いを認め合うチームです

前項にあったスイコー社のIDの裏面にはチームで共有するルールが。浸透のために、それに特化した定例MTGも。

接客や営業時のルール
コンセプトに合わせて設定

商品ブランドとしてのルール
ブランドガイドラインで集約

ブランドに関わるメンバーの仕事が同じ方向を向くようにクレドの紹介をしましたが、商品ブランディングでは、もっと細かなルールが必要です。商品コンセプトや価格帯に合わせた接客のみならず電話応対や納品時・営業時のルール。デザイン上のフォント使いや色使い、またＳＮＳやブログでの発信時の言葉使いも、クレド以上に深いルールが必要です。でも、難しいことではありません。**ここまで本書を通じて考えてきたこと・決めたことが、そのまま商品ブランドとしてのルールです。まとめて冊子化すれば、それでＯＫ。その冊子のことを「ブランドガイドライン」といい、見た目は右頁のようになるといい感じです。**関係者に配ったり、これを軸に勉強会を開いたり、ブランディングでは商品の世界観の維持のために常にルールを足し引きし、そしてメンバーに浸透させていかないといけません。完成度は７割で構いません。常に刷新・改訂していくものなので。

関わる人の立ち居振る舞い
そこに細心のルールを

ブランドガイドラインの中身で重視していただきたいのは商品に関わる人の"見た目"だったり"立ち居振る舞い"です。というのも、本書冒頭でもお伝えしたように商品（コンセプト）と、それを扱う人にギャップがあると説得力に欠け、お客さまは途端にブランドどころか矛盾しか感じなくなるから。商品はオーガニックな食品なのに営業が夜の香りがする格好だったら、どんなにブランディングをしても営業はうまくいかないでしょう。赤ちゃん用品を扱っているのにカタログ片手に説明する人のネイルが長く毒々しい色だったら矛盾を感じます。ディズニーランドで働くキャストは子どもと接する際、自分の目線がその子より下になるよう腰を落として話します。見た目や服装だけではなく、こういった立ち居振る舞いのルールも、どんどん足し引きします。**こういったルールがあって「さすが！」といわれるブランドになっていきます。**

ブランドガイドラインのイメージ

ABOUT OUR FONT
フォントの使い方について

たかがフォント、されどフォント。普段使っている文書や、印刷物のフォントだけでも、十分に対内外に自社の印象を強烈に発しているものです。会社・お店として、自分たちが世間に与えたい印象から逆算してフォントを選択し、あらかじめ「使用していいフォント」「使用してはいけないフォント」のルールを決めておくことは、大事なブランド戦略です。ここではプリンススポーツの基調フォント、OKフォント、NGフォントの大雑把なルールを記します。

プリンススポーツが与えたい印象

- 若々しい
- 親しみやすい
- 提案力がある
- クールでかっこいい

プリンススポーツの基調フォント

HGP創英角ゴシック

HGPゴシックE

MSPゴシック

文字の色に関して:

- 完全なブラックではなく、チャコールを使用
- グレイスケールで濃淡をつけ、メリハリを！
- メリハリは、他にも白ヌキ＊などを使用
- 最も強く強調したいときに黒を使用

＊白ヌキの例　　PRINCE SPORTS

プリンススポーツのOKフォント
（基調フォントと合わせて積極的に使うべきフォント）

HGSゴシックE

HG創英角ゴシックU

プリンススポーツのNGフォント
（絶対に使ってはいけない系統のフォント）

HG創英角ポップ体

HGP行書体

HG明朝E

HG丸ゴシックM－PRO

PRINCE SPORTS BRAND GUIDELINE VER 1.0

ブランドガイドラインは自分たちでつくるマニュアル。商品に関わる全ての人がイメージの維持のための参考にします。

STRATEGY 07 | ブランディング成功の分岐点 まずはトップが変わること

多くの会社が見落とす 「社長ブランディング」

ウェブサイトで社長の写真や挨拶は、かなりの確率で見られています。でも、意外と皆"社長を整える"ということに無頓着というかアンタッチャブルというか…。過去の経験から自信を持っていえますが、**ブランディングを自社の血肉にできる会社は、社長も歩みの中で自身の見せ方や魅せ方を変えていった会社です。社長自身が商談をするような会社ではなくても、この変革が会社全体に「ここから見せ方を変えていくぞ」という号令になるからです。**右頁の写真は山形の印刷会社の社長さん。ビフォアは、いかにもそんな感じですね。でも、ある時を境に従来型のフルカスタムで頼まれる印刷をやめ、名刺でも冊子でもデザイン性の高いヒナ型を提供し、セミカスタムという形で印刷を請け負うという商品構成に切り替えました。となると、**社長もセンスある人に見られないとブランディング上はよろしくない！** その結果がアフター。まさに"社長ブランディング"です。

社長ブランディング完了？ 次は写真をどんどん発信！

社長のファッション改革を行ったら宣材写真の撮影をしましょう。**正直どこの日本の会社の社長の写真も同じように見えるのが現状。違いを出すなら、まずはポーズ！** 写真は福島県で広く知られる〈アポロガス〉の篠木社長（執筆時・現在会長）です。「親しみやすく、若い世代が入りたいと思うガス会社にしていきたい」とトップ自らが数年かけて"自分ブランディング"を実行。それにプラスしてポージングした結果が、この写真です。ガス業界全体を見渡せば人材獲得に困る会社が多い中、アポロガスは就活生からも人気。会社全体のブランディングに社長の見せ方が効いている好例です。そうなんです、**ブランディングで社長の見せ方を変えるというのは採用にも作用するのです。**その点でも、ぜひオススメしたいアクション！ ちなみにアポロガスはグループ全体でブランディングを味方に"日経人づくり大賞"や"日本でいちばん大切にしたい会社"にも選ばれています。

BEFORE

AFTER

BEFORE

AFTER

STRATEGY 08 | チームと喜びをシェアする それもブランディングのうち

商品に関わる仲間を
称えるアワードを行う

商品に関わるチームづくりはルールを課すだけで行うものではありません。ブランディングは楽しい戦略。ルールでがんじがらめにするのではなく随所で“褒めたたえる”という行為を入れましょう。ブランドとしてのメッセージを上手に市場に伝えてくれた小売店を表彰するといったことでも構いませんし、ディスプレイのコンテストを行うのもいいでしょう。ブランドガイドラインやクレドを率先して守ってくれた協力会社や社員をアワードで称えることもやるべきです。こういったアワードは研修など関係者が一堂に会する機会に軽くセレモニー形式にして行うことをオススメします。そして、ブランディングですから、ここは昔ながらの表彰状の手渡しではダメ。私がコンサルの現場で使うのは英文でデザインされた盾や海外から輸入されたトロフィーなどです。

ブランドがうまくいっている
そのお知らせを定期的に

アワードまで行うのは難しいという方にせめてやっていただきたいのが、ブランドに関わる全ての人に“喜びの声をシェアする”というアクションです。どこの会社もダメなこと・禁止事項・クレームを関係者に伝えることはするのですが、お客さまや関係者から届いた喜びの声を皆にシェアするのは簡単なのに多くはやっていません。もちろん公には非公開な形ですが、喜びの声のシェアはメルマガ・メーリングリスト・各種ＳＮＳ、もしくは紙＋郵送のニュースレターで行います。そのスパンは規模や余裕度にもよりますが、**喜びの声は働く上でのサプリメント。週1程度で商品がブランドとしてうまくいっているんだと知れれば、仕事へのモチベーションも高まるものです。**内容は本当に小さなことから大きなことまで…。商品に関するいい話を何でもいいので集めて発信！ 読んだ関係者が「自分たちがやっていることはたしかに世に役立っている」と感じられれば、それが正解です。

優良店向けタテ・トロフィー・ステッカー

ブランディングとしての
地域発展と見本市出展

STRATEGY 01 | 会社の枠を超えて 地域で共有するブランド

関サバやシャンパンを あらためて考えてみる

少しだけ**地域や業界で共有する類の商品ブランドについても触れていきたいと思います。あなたの会社の枠を超え、他の地域・業界の会社ともロゴや名前を一緒に使うブランドは事例でいえばシャンパンや関サバ**。ご存知のように発泡性のワインでもフランス・シャンパーニュ地方でつくられるもののみがシャンパンであり、それ以外は全て英語いうならスパークリングワイン。シャンパンは〈シャンパン〉というブランドなのです。その中に更に商品ブランドとしての〈モエ・シャンドン〉や〈ドン・ペリニヨン〉が存在します。その地方でつくられるだけではダメで特定の品種を用いシャンパーニュ製法という伝統的な製法でつくられること。またロゴはありませんがエチケット(ラベル)には必ず「CHAMPAGNE」と明記し、そのアルコール度数も11%以上であることが法律で決まっています。そうなんです、国も一体となってブランディングを行っているのです。

地域ブランド＆認証ブランド 乱世を制するにはロゴと名前

シャンパンレベルとはいわずとも "地域・業界で共有するブランド" は、いつでもどこでも誰にでも大なり小なり構築可能です。品質・製法・使う材料など、その独自性を維持するためにルールを設け、それを順守する企業が使える名前とロゴを用意すれば準備OK。構造は、そんなに難しいことではありません。が、他社・他人をまとめるという難しさがあります。また、この "認証ブランド" の世界は乱世。どこもかしこも〈○○牛〉や〈○○豚〉と名付けブランディングに取り組んでいますので、そこから抜きん出る難しさも…。**打破の方法があるとしたらロゴのデザインのよさとネーミングでしょう。地域や業界で共有するブランドは、そのロゴが付いている理由と意味・価値を世に広く訴求していく必要があります。**いいロゴとネーミングは、その苦労を半減してくれるはず。ここでは〈今治タオル〉や豚肉の〈東京X〉を事例として紹介します。

地域ブランドや認証ブランドの例

今治タオル工業組合の組合員企業で吸水性と独自のクオリティをクリアしているものだけに、この共通のロゴを入れることが許されています。その目的は「消費者へのお約束」です

地域の特産ブタ肉として3品種の豚のいいところを掛け合わせて誕生。進化を目指し「エックス」と命名。そのブランド化の過程を記した書籍も。ホームページも見やすくて素敵です

静岡県が誇る観光地・熱海。その熱海の特産品の中でも特に「熱海らしい」という商品に付けられる「ATAMI COLLECTION|A-PLUS」のロゴは熱海商工会議所が主宰しています

STRATEGY 02 | 地域・業界でブランドの共有 誰がどこから着手する？

ブランディングの力を
地域・業界の発展のために

「〇〇ブランド」とロゴをつくって、地域・業界の商品をくくって、各社のパッケージに付けて貰う…。これだけでは成功とはいえないのが"認証ブランド"です。本書の冒頭の序章(24頁)の「ロゴに意味づけをする」の話と同じなのですが、そのロゴが付いている世界観や価値を世間が知り、それをありがたいと思うところまで持っていく育成が伴わないと単なる自己満足で終わってしまいます。でも、**一度その導火線に火が点いたら、それは地域・業界の経済に多大なインパクトをもたらせます。**地方創生も大事な柱である今の日本だからこそ、もっともっと各所であっていいアクションです。ブランディングに何ができるかを証明するチャンス。行政の声掛けを待つのではなく、予算ありきでもなく各地域・業界の元気な人から仲間に提案して欲しいです。若い世代で主導するなら、クラウドファンディングで資金を集めると同時に認知を高めることにもなりオススメ。

ブランドの共有あらため
「運動」の共有でもいい

"地域・業界で共有するブランド"に近い、こんなアイデアもあります。商品ブランディングは、その商品を特別なものに見せていく行為。あなたの商品のパッケージや商品自体には小さくていいので何か認証や受賞をしたように見えるロゴが付いているといいです。でも、**認証や賞を受けるのは実際は大変。なので、それに代わるものとして自ら地域・業界で何かしらの運動を起こし、そのロゴをつくり、商品に入れるという提案です。**右頁は、そんな運動の一例です。支払いを互いにフェアに行おうという協力会社間のフェアトレードマーク。社用車で(当然プライベートでも)あおらない、あおらせないという運動の「あおらんウータン」。プラスチックの使用を減らすという宣言の「Less Plastic is Fantastic.」というロゴ。**こういった運動を、あなたの商品に関連した形で自ら起こし命名＆ロゴ化、商品や梱包にも印字すれば付加価値に。**

地域・業界で運動を起こし、そのロゴを商品にも

LESS PLASTIC IS FANTASTIC
#zerochronicle

ISOの認証やモンドセレクションの受賞などを既に印字している方は多いと思います。それと同様に運動のロゴを。

見本市への出展も
見せ方が問われるところ

見本市のブース自体が
ブランドとしてのプレゼン

見本市（展示会）にブースを出すことを検討。**ブースという限られたスペースで数日間ブランドの世界観を存分に表現できる絶好のチャンスです。**その際、ブランディングに取り組む会社として最初にプロフェッショナルなプレゼンテーション（見せ方）を！ 今ブランディングしている商品単体でブースを設けるわけではなく、会社が取り扱う他商品も一緒にブースに並べるのかもしれませんが、いずれにせよポイントは「インナーブランディングに活かす」です。あなたのブースを訪れるのは新規の見込み客だけではありません。半数近くは取引先や協力会社など既に関係があるところが挨拶に訪れます。そんな人たちが**ディスプレイ、色使い、ユニフォーム、ＰＯＰ、印刷物、応対などを見て「なるほど、さすがだな」「勉強になった」**と、その**ブランディングしている商品の世界観をブース全体から学べるレベルであるのが理想形です。**

海外での見本市は
文字通り「ショー」

見本市・展示会と日本では呼ばれていますが英語圏では「トレードショー」。ショーと付いてるのがピッタリというか見本市全体も華やかなものが多いですし、ひとつひとつのブースも見せ方が上手です。次に**世界の主要都市に旅行に行く機会があれば少しだけ観光の時間を割いて、業界は違えどフラッと見本市に足を運んでみてください。何かしらの見本市は高い確率でやっているはずです。**事前に確認する場合、右記のサイトが便利です。オススメしたいのはパリで行われる雑貨やインテリアの見本市〈メゾン・エ・オブジェ〉です。ブース自体のブランディング、商品のブランディング、また見本市というイベント自体のブランディング、全てが勉強と刺激になると思います。主要都市には日本でいう〈東京ビッグサイト〉のような施設が必ずあり、その周辺は世界の出張者が楽しめる配慮もなされている場合が多いので"都市ブランディング"の学びにもなります。

展示会・見本市は「SHOW」

殺風景な机を並べ、リーフレットを配るだけ？
ブランディング中なら、ここは世界観を伝える機会！

JETRO（日本貿易振興機構）のHP

日本語ならばJETROのサイトで世界の見本市の検索を！
英語ならば、もっと細かい展示会も探せるかも!?

STRATEGY 04 | ブースは五感で考える 見せ方が問われるところ

あなたのブースは 香りまでこだわっているか?

見本市のブースは"ひとコマ"という単位で申し込み、その大きさによってできることは変わってきますが、**演出は「五感で考える」でいきましょう。食品の見本市ならダメですが、たとえば香り。**ブースの香りにまでこだわると目の前を通る人が「あれっ⁉」と足を止めてくれます。商品のコンセプトに合った香りをアロマなどで用意する。簡単だけどほとんどの会社がやらないことです。**触覚の観点でも考えましょう。**たとえば、温かい印象を商品や会社として与えたいならブースの中の触れられる箇所で冷たさを感じるところは布などでカバー。主催者から借りた会議室っぽいテーブルとパイプ椅子をそのまま使うなんてことは避けたいです。音や音楽は見本市の場合、主催者から禁止もしくは「周囲に迷惑にならない程度で…」というお達しがありますが、**許されるなら効果音はマスト(もちろん権利関係は要チェックで)。**あるとないでは演出に大きな差が…。

小さな空間に これまでの全てを注ぎ込む

続きとして見本市のブースづくりで"視覚的刺激"について。でも、ここで新しくお話しできるネタはありません。これまで本書で一緒に学んできた色使いや印刷物、ユニフォームや立ち居振る舞い、POPやパネル、その他もろもろの目に見えるもの・触れるものを必要に応じて、あなたのブースの空間の中にミックスする。それがブランディング上できるブースの最大かつ最重要の演出です。230頁でお店の中に独立したブランドの世界観を表現したエリアという意味の「ショップ・イン・ショップ」を紹介しましたが、まさにあなたの商品のそれを見本市会場につくるイメージ。それがブランディングですべき見本市の考え方です。右頁の写真は新潟・三条市を拠点とする〈オークス〉。キッチンツールの会社として、たくさんの見本市・展示会・イベントに参加しますが、そのひとつひとつで全力投球。その勢いが業界全体を前進させています。

優れたブースづくり
どう実現していくのか？

ブースづくりの守破離
見本市に慣れたら…

「ショップ・イン・ショップのように」「五感を刺激せよ」などブースづくりに触れてきましたが、こんなショーアップの例もお見せしましょう。右頁は先ほどの〈オークス〉。でも、前項とは別の見本市のシーンです。キッチンツールの数々を見せる上でブース自体の軸を"カフェ"に設定。「来場者が本物のカフェと間違えるくらいの見せ方でいこう」と意気込み、実際そうなりました（笑）。訪れる人を前に社員が自社商品でもてなしながら見せていくアイデアは大当たり。スタッフも開催期間をエンジョイしました。ブースづくりの守破離ともいえますが前述の基本をマスターしたら、こんな遊び心のあるブースにも、ぜひ挑戦を。見本市は大体毎年（もしくは隔年）同じ時期に行われるもの。**毎回同じスタイルのブースデザインは来る人も、そこに立つ人も飽きるかも…!? だから慣れたら「自分たちも楽しめるアイデアでブースづくりを」**です。

ブースのアイデア出し
それをカタチにするまで

上記のような**一歩先ゆくブース**も、普通にデザインがいいブースも含め、そのア**イデアは自分たちから**。そのアイデアを元に、そして**実際カタチにするのは施工業者さん**です。ネットで「展示会 ブース 施工」などで検索すると選び方のノウハウを含め、様々な情報に行き当たります。144頁の2輪のヘルメットメーカー〈ダムトラックス〉はユニークな展示会ブースで名を馳せている会社。以下、その社長からのアドバイスです。「施工業者さん選びで安さは二の次。大事なのはノリです。"魅せる"という仕事を共にする仲間なのでショーマンシップが求められます」と。なるほど。また「展示会には結局似たような商品が会場全体に並びます。ブースデザインで大事なことは『商品を見せる』ではなく『言葉を大きく描く』だと考えています」と続けてくれました。ブランディングにこだわるダムトラックスらしい、見本市ブースに関する深いアドバイスですね！

他がやっていないことをやる
それこそが「戦略」

名刺交換＋追客では
他の会社と変わらない

見本市出展の目的は各社共通して、新規顧客の開拓や新商品の発表が主だと思います。数日間ブースを設け、訪れた人にパンフを渡して立ち話。後日メールなどでご挨拶し、脈ありなら会ったり見積もりしたり追客するのが普通の流れ。**せっかくブースにこだわったのに、この流れに自分たちも乗ってしまうと、もったいない。そこで名刺交換した相手に手書きのメッセージを添えて葉書を即送る、**です。見本市の開催期間中、1日1日終わったらブースに立つメンバーで集まり、すぐやります。右頁上の写真は、それを総出でやっている最中。工場建設専門のブランド〈ファクトリア〉がはじめて見本市に挑んだ時のシーンです。デジタル社会だからこそ名刺交換相手からハガキがすぐに届くとビックリ。いい印象が残ります。使うハガキは当然オリジナル。268頁で示したものがいいでしょう。ちなみに〈ファクトリア〉は後に急成長。グッドデザイン賞に輝きました。

パネルで可変
人の流れを読み切ること

296頁で「ここまで本書でやってきたことをブースに盛り込みましょう」と書きましたが、その中に含めて欲しいのが右頁のようなパネル＆イーゼルです。パネルとイーゼルの話は第8章（198頁）で登場しましたが、その時は単にお店に設置するツールとしての紹介。再登場のここでは、それをよりアクティブに使用します。具体的にいえばイーゼルから外し時間帯によっては手に持ってブースの前に立っていただきたい。片面だけのサンドイッチマンみたいですが、これが見本市で効くんです。というのも、見本市は時間帯によって会場内の人の流れが変わります。ブースの前に置きっ放しのパネルとイーゼルはスルーされる可能性も大。でも、私の経験上、**こうして人の流れに合わせてパネルを持ち、そして通る人に声掛けをするとブースに興味を持つ方は確実に増えます。**いわば風を読んで帆の角度を変えるようなイメージです。

いつもより早く帰れる展示会の日は飲みにいく？ その前に手書きの葉書をメンバーで！

置きっぱなしではなく、時間帯によってはパネルを持ってブースにお客さまを誘導する

第 13 章

ブランディングとしての
海外進出と会社の未来

ブランディングを境に
グローバルに展開

海外進出の基本は
日本を飛び出ての見本市

**商品ブランディングに一生懸命取り組んで、先細りしていく日本の国内市場だ
け狙うのはもったいない。内需に限りある今の時代、はじめから海外を目指さな
いと。**その勢いをもってブランディングに掛けたコストとエネルギーを回収し
ましょう。海外進出をする際、普通は進出したい国で販売を代理してくれる代理
店を見つけます。それには見本市が手っ取り早い。自力でやり抜く自信がなけれ
ばジェトロや海外見本市への出展を手伝ってくれるコンサル会社に相談です。
現地でいい代理店候補が見つかったらその国での販売を独占させる契約か、複
数の代理店を設定し競わせるかなど、そこは戦略の選択肢。262頁で記したよう
に商材によってはこの過程をすっ飛ばし、全世界の小売店が御社の卸売のサイ
トから商品を仕入れられる仕組みをつくっての海外進出もありですし、アマゾ
ンを通じて世界のエンドユーザーに直接届ける手法もあります。

「グローバルにやる」は
採用戦略に一役買う

ブランディングは企業経営のカギですが、同時に中小企業が特に気にしないと
いけないのは「人材採用」です。私の現場での経験上、若い世代がソッポを向く
のは「縮小が目に見える会社や業界」です。誰だって将来への不安は抱えたくな
いですからね。だから、中小企業は**「グローバルにやっている／やっていく」とい
うイメージを発信した方が得。売上のみならず海外進出は未来の人材確保のた
めでもあるのです。**クリームパンを短期間に日本で広めた〈八天堂〉の販社、大阪
の〈トレジャーアイランド〉は他にも日本のスイーツを多々扱っていますが、あ
る日を境にそれらを海外に売り込むことを決断。右頁のように本社の内装も一
新しました。職場のテーマは「空港のラウンジ」。全てがエアライン風にできて
います。これは無言かつ強烈な「自分たちはグローバルカンパニー」というメッ
セージ。以来、優秀な国際派人材が続々集まっています。

海外進出も視野に会社の内装を一新

商品ブランディングから、会社自体のブランディング。また、それを採用や海外進出に活かしたトレジャーアイランド。

はじめから海外展開を見据えた商品ブランディング

商品リリース時から海外を見据えるとこうなる

欧米の起業家と話すと、こんな言葉が出てきます。「日本の会社は国内での販売しか考えてない。俺らは最初から全世界で売ることを考えているよ」。これまで十分内需でやってこれた日本。もう胡坐はかいてはいられないのですが企業の姿勢は「向こうから声が掛かったら海外も考える」と、まだ受身形です。そこをあえて攻めるなら本書でやってきたブランディングに「はじめから海外進出を見据える」という要素を入れましょう。右頁にも例を出しましたが**最近は国内商品でも最初から他言語でも説明がなされている商品が増えています。これ、我々も商品の梱包デザイン時に取り入れたら海外進出って早まる気がしませんか?** 第8章でやったメディア戦略も同じです。プレスリリースの送付先リストに、もっと英字新聞をはじめとした"日本語以外で発行される国内メディア"を加えます。商品の記事が世界を行き来する人の目にとまれば海外展開は近づきます。

インバウンドも日本に住む外国人も"市場"

現在260万人の外国人が住民として日本で生活しています。出稼ぎとは異なり生涯という単位で永住を決めている方も増えています。またインバウンドの数は執筆している時点で年間3100万人。しかし彼らは日用雑貨や食材、ちょっとしたお菓子やクスリでも「英語表記がないから日本のものは買いにくい」といいます。これだけ国際化している日本の社会なのに商品を開発する側が変化に対応できていないのが現状です。**260万人＋3100万人は立派な市場です。「海外進出は考えていない」という人も国内市場のココに着目するだけで十分グローバルにやっていけるのです。**ペルソナの話に戻りますが、最優先ではなくとも2番目以降のペルソナに外国人を設定したら他の多くの会社が未着手なだけに差別化になり得ます。「グローバルに展開する」という視点は結果としてちがいを生み出す可能性を秘めています。

〈タミヤ〉のプラモデルの箱は、よく見ると結構詳しく英語も併記

インバウンドの増加に伴い、お土産ものにも日本語と英語の併記増

おなじみの〈ビオレ〉。英語表記と思いきや、よく見ると日本語（笑）

視野に入れたいインバウンド市場や在日本の外国人市場。フル翻訳せずともポイントだけでOK。できれば中・韓も。

STRATEGY 03 | 外国人からの評価は商品の価値向上につながる

青い目で評価される＝
日本での価値向上になる

ブランディングは商品を一段上のレベルのモノに見せていく行為。そこに行き着く近道のひとつとしても商品の海外進出は有効です。正確にいえば海外に打って出るだけではなく現地でいい評価を受けないとダメ…。もっといえば**海外で受けたその評価を国内で販売する時に最大限利用してブランディング。これで一段上の商品に見せていく作戦です。**アジアの一員である日本がアジアの仲間を軽視するのは反対ですが、消費者心理を考えると、ここは欧米人の評価が効果的。つまり「青い目の評価を商品の価値上げに活かす」です。たとえばニセコ（北海道）や小布施（長野）は近年ブランド力をあげた観光地ですが、両方とも青い目の評価があっての結果です。商品でいえば〈ミスターワッフル〉。ベルギー大使館に勤める職員たちが「本国リエージュのワッフルそのもの！」と評価し、その噂もプラスに働き大人気。今では首都圏に10店舗以上展開しています。

日本での位置付けと
海外での位置付けのギャップ

「街に溢れるブランドに興味を持ってないと自社商品のブランディングも厳しい」と、よく私はセミナーでお話しします。普段エナジードリンクを買う際も「〈リポビタンD〉と〈レッドブル〉では、どうコンセプトやペルソナが違うんだ？」と考えられるとブランディングへの理解スピードは加速します。これは海外旅行時も同じです。たとえば日本では電化量販店でワゴンに積まれてセール扱いされているブランドも2時間飛行機乗って韓国に行くだけで格上げ。ガラスのショーケースに飾られ、店員を呼ばないと見せて貰えないレベルのブランドに位置付けられていることも。興味深いですね。国内市場で脱・安売りに苦しむなら、ここは「この手があったか」と閃きの瞬間でもあります。**海外進出は代理店と組んで国内とは違った商品の見せ方ができるチャンス。日本のブランドという時点でプレミアム感があるのだから、海外進出しないのはもったいない!?**

外国人の評価でブランド力をあげる

日本在住のベルギー人、特に大使館員に評価高い〈ミスターワッフル〉

アジア各国からの観光客に大人気。そして日本人にも存在感アップの〈ブラックサンダー〉

欧州の若者が評価。映画『キル・ビル』での登場も価値化に大きく貢献した〈オニツカ〉

ヨーロッパの都市部のオートバイ乗りから人気の〈ダムトラックス〉

STRATEGY 04 グローバルにやると リスクもそれなりに…

権利・パクリ・平行輸出入… いろいろ厳しい海外進出

国際ビジネスのリスクについても少し触れます。お金や保険のことは専門書に任せ、ブランディングに関することを幾つか…。たとえばネーミング。**あなたの商品名に似た名前のモノが仮に輸出先の市場に存在すると、その会社から「似ている」「消費者が間違える」と圧力を受けることがあります。**日本人の感覚ではモロかぶりじゃないなら問題ないと考えがちですが、特に欧米では違います。それほど欧米がブランディングを重視している証ともいえますね。パクリのリスクも国際舞台に出れば高まります。お店や見本市で撮影禁止としても、それは防げません。ここは輸出先で「ブランディングを早くやりきり、ブランドを確立する」です。ただ、**連絡は早くても意思決定が遅いといわれる日本人のビジネス。「日本側の決断が遅くてパクった会社の後手に…」と嘆く現地代理店の声も多く、実は我々のスピードがリスクになっている場合もあるのです…。**

リスクを潰して グローバルカンパニーに

海外進出すると対処に追われるのが"並行輸入者"です。あなたが進出先の国で代理店を定め契約をしたら、原則あなたの商品の販売は全てそこに託します。それが約束されているからこそ代理店はコストとエネルギーをかけ、その市場での拡販やブランディングに励みます。が、**そこに現れるのが、正規ルートを無視する形で並行輸入し商品を販売をする人や会社で"スマグラー"と呼ばれる存在。**その動きを察知した代理店は即「スマグラーがいる。何とかしてくれ」と、あなたに連絡をします。代理店が日々ブランディングの努力を現地で重ねているのに、スマグラーの勝手な動きはたしかにそれを壊しかねません。だから、この対処も実は立派な国際ビジネスにおけるブランディングのお仕事です。リスクは他にもたくさんあります。**海外進出は"攻める"のイメージがありますが、弁護士と協働しながら"守る"も極めて大事です。**

あなたが海外進出しようと思ったら？

進出したいエリアで海外進出をサポートしてくれる専門家（BPO ベンダー）を探しましょう。

BPO ベンダーとは？

Business Process Outsourcing の略。海外進出においては、会社設立・登記、ビザ申請、会計、税務、給与計算、社保などの手続きをサポートしてくれる日本でいう士業のようなプロフェッショナルサービスを提供する専門家のこと。

探す方法は？

- 大手メガバンクや地銀の相談窓口
- 都道府県の海外進出相談窓口
- JETRO や中小機構などの窓口
- 右記のポータルサイト

参考

海外進出・海外ビジネス
支援プラットフォーム

Digima ～出島～
https://www.digima-japan.com

日本企業の海外進出
支援サイト

ヤッパン号
https://www.yappango.com

トライコージャパン／広報　浜岸昭江さん

海外進出の際には、現地国の日本人コンサルにコンサルを依頼し、バックオフィス業務もそのまま日本語ができる現地従業員に任せきりというケースが多く見られます。進出先として多いアジア新興国は頻繁な法規制の変更が多く状況を把握するのは容易ではありません。コンプライアンス違反を指摘され、その国と日本だけではなく、欧米の基準に従って厳重な処罰を受けることもあります。当社では日本企業 1,000 社超の海外現地法人へのサービス提供の経験に基づきこれまで明確な定義がなかった BPO ベンダー選定のためのチェックリストを作成、開示しています。

BPO ベンダーチェックリスト（一部抜粋）

- □ 経験と専門知識についての説明があるか？（提供年数・実績・専門機関の認定状況など）
- □ 会社の成り立ち、経営陣のプロフィールなどが明確に説明可能か？
- □ コーポレートガバナンスに関する説明はあるか？
- □ 過去に重大な法的・規制違反を犯していないか？
- □ 過去に顧客とのサービス契約についての重大な条項に違反したことがあるか？
- □ ベンダー及び業務担当の従業員は遂行にあたって適切な許認可ライセンスを持っているか？
- □ ISO27001 など情報保護に関して当該機関からの認証／認定を受けているか？
- □ 従業員は業務を遂行するにあたって適切な情報セキュリティトレーニングを受けているか？
- □ 従業員の採用にあたり適性なバックグラウンドチェックを行っているか？

協力：トライコー
https://tricor.co.jp/

今ブランディングなら
台湾から学ぶといい

世界の工場の返上？
ＯＥＭから自社ブランドで！

「ブランディングが盛んで参考になる国って？」。こう取材で聞かれたら、かつての私はスイスやイギリスと答えることが多かったです。当然ビジネスの先進国であるアメリカも優れているし、独・伊・仏では小さな田舎町の工房までブランディングの意識が高いです。でも、**近年ブランディング熱が最も高いのは台湾**。これまで台湾は"世界の工場"と呼ばれモノづくりはＯＥＭとしてでした。出荷の際は日本のブランド名をはじめ、世界各国のメーカーのロゴを刻印して輸出をしていました。しかし今、自転車の〈GIANT〉はＯＥＭではなく自分たちの名前で文字通り業界１位のメーカー、世界のチャリ好きの憧れのブランドへ。日本国内にもオンリーショップが各地に立ちブランドとしての世界観を直接ユーザーに届けています。ＰＣの〈ACER〉や〈ASUS〉も、その一例。**「自分たちの名前で世界を舞台にやる」**という経営の勇気は今いちばん台湾から貰えます。

起業初日からブランディング
台湾のスタートアップ事情

中小企業のブランド戦略の啓蒙を目的に講演を行うと、「もっと早く知りたかった」「今からスタートでも遅くないかな？」と事後にお話しくださる方が少なくありません。**デザイン的な"部分戦略"として日本では捉われがちなブランド戦略。欧米では起業したら初日から考えるべき"全体経営戦略"と理解され、ビジネスを中長期的に成功させるのに不可欠なものと重視されています。**台湾でも今それは同じ…。右頁は台湾の小さな会社がつくった商品です。商品の写真や梱包へのこだわりは随分これまで書いてきましたが、台湾の起業家たちはナチュラルに、これくらいのレベルでできています。ちなみに中央は台湾人のソウルフード、お茶の葉で茹でたタマゴ（茶葉蛋）ですが、商品名を直訳すると〈署長のタマゴ〉。元警察官だった方が当時派出所で茹でていたところから生まれたビジネスということで、ストーリー性もバッチリですね！

STRATEGY 06 商品ブランディングの終着点 会社自体のファンをつくる！

世界に出て行くのも策
会社自体のブランド化も策

残念ながら今後は縮小が予想される国内市場…。だから、商品ブランディングを
タイミングに中小企業も「世界に出て行く」という発想は、どんなに小さな会社
だってあっていいと思います。〈HONDA〉をはじめ偉大な日本のブランドたち
は今よりはるか昔に言葉も通信も交通も不便な時代に海を渡り、ボーダレスに
勝負してきました。同様に世界を熱狂させる"日本ブランド"の誕生を私は強く
望んでいます。ブランド戦略の専門家として、その始まりは常に中小企業の商品
ブランディングからだと私は信じています。ただ、もうひとつ**商品ブランディン
グの果てに提案したいのは、「商品のファンではなく、会社自体のファンをつく
っていこう」**です。ビジネスの寿命は年々短くなっています。このスピーディな
時代に「ひとつの商品で、ずっと食べていく」は、そもそも無理…。**そんな時代に
必要な発想は「企業ブランディング（コーポレート・ブランディング）」**です。

商品ではなく"会社"にファン
それが最強のサバイバル術

「ブランディング＝ファンづくり」ですので、企業ブランディングは会社自体に
"お客さま以上のファン"をつくっていく行為となります。会社自体にファンが
付いているということは今後いつどんな商品をリリースすることになっても、そ
れを楽しみに待ってくれる人たちがいるということ。仮にひとつの商品のブラン
ディングに成功してヒットを出しても、これだけ商売のライフスタイルが早
いと、あなたは次から次へと新商品の投入を迫られる可能性が高いです。そんな
時に会社自体にファンがいないとキツイ…。商品投入時に毎回ゼロから顧客開
拓をするのはリスク…。ひとつでも外したら会社を揺るがしかねません。だか
ら、**商品ブランディングの次にオススメしたいのが「会社自体のブランディン
グ」。「会社自体にファンをつくる」は今の時代の有効な、ひとつのサバイバル術
なのです。**これは人材採用にも効くので一石二鳥。やらない選択肢はないです。

314

究極的には会社のブランディング

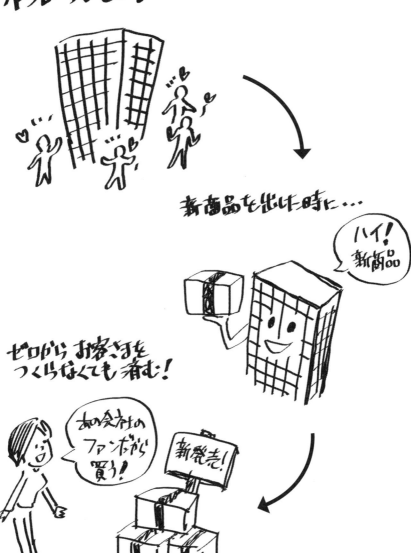

ブランディングという言葉
あなたのオリジナル定義は？

ブランディングという言葉を
一切使わずブランディング

「ブランディング」という言葉は、とても便利。それを口にしていると経営者も一歩先にいった気がするし、社員も高度な仕事をしている感じがします。デザイナーやコンサルタントも、それを持ち出せばウケがいいという側面があります。でも、その定義は人によってバラバラ。定まっていません。その目的やメリットも会社によってケース・バイ・ケース。時と場合によって変わります。だから、**いちばん優秀なプロジェクトは「"ブランディング"という言葉を一切使わずにブランディングを進める」**だと考えています。今更ですが、社内外のメンバーをチームとして集める立場のあなたにとって、これはとても大事なこと。どうか次回のブランディングのプロジェクトの際には検討してみてください。ブランディングとは言い換えると何なのか？ 聞く人の胸にスッと落ちる自分なりのオリジナルフレーズが経験の中から生まれると最高です。ちなみに、私は…。

オリジナルの定義がある
これがマスターした証

…ちなみに、**私は商品ブランディングのことを「企業が世間に対して行う、商品に関する究極のコミュニケーション」と現場でプロジェクトに関わる人たちに伝えます。**この本の冒頭でも、これは書きましたね。でも、本当です。「これまでよりも上手に商品としてのコミュニケーション作戦を練ろう。だって、モノゴト伝わりにくい時代なんだから」と現場で関係者に伝える方が"ブランディング"という言葉を連発してヘンな軋轢（あつれき）や混乱を発生させるよりプロジェクトは早く前進するんです。**上手なコミュニケーションの一環としてのデザインや写真、文言やSNSであるといえば、その予算も取りやすかったりします。**ここを「ブランディングのため…」というと理解ない上の方から「そんなの必要あるの？」と返ってきたりします（笑）。これは私の経験値からいえること。そう、**ブランディングは経験値が大きくモノをいうスキル。**私も失敗や工夫を、こんな風にノウハウ

に換えています。だから、たくさんブランディングの経験を積みましょう。何でもかんでも公私の両方で、大小含めてブランディングしてみましょう。その過程できっと頭に浮かびます。あなたのオリジナルの言いまわしで「ブランディングとは何か？」を表すフレーズが。ある意味それがブランディングをマスターした瞬間です。そんな時が読者のおひとりおひとりに訪れることを私は心から願っています。

最後までお付き合いありがとうございました。商品ブランディングが、あなたの会社と社員の武器となりますように！

エピローグ

———

各章で示してきたのは
実は「コンタクトポイント」

For Better Branding

STRATEGY 01 | 商品ブランドの鍵を握る「コンタクトポイント」

商品の印象に関わる
全ての"接点"をおさらい

この本がカバーしたトピックは幅広いです。ネーミングやタグラインから始まり、梱包や印刷物、写真やユニフォーム、立ち居振る舞いもやりました。色使いやデザイン、現代社会なら忘れてはいけないのがウェブ関連。ＳＮＳでの文章や映像にも言及してきました。残りは右頁に任せます。平たくいえば、これらは単なる本書のポイントであり、おさらい。でも、**ブランディング的には「コンタクトポイント」といいます。意味はそのままで「商品（もしくは会社）とお客さまの接点」。なぜ大切かといえば、こういった大・中・小を含めたあらゆる接点から、お客さまは"商品の印象（イメージ）"を受けるからです。**もっと細かくいえば商品のパッケージの色やロゴのデザインからだけではなく、どんな雑誌で商品が取り上げられたかも、お客さまにとってはコンタクトポイント。お客さまが目にする世の全ての"商品に関係すること"、それがコンタクトポイントです。

コンタクト・ポイントを通じ
人の頭にブランドができる

お客さまが商品に対する印象を抱くのは、たとえばパッケージといった"ひとつのコンタクトポイント"からだけではありません。その商品を扱うお店やディスプレイ、そこにあるＰＯＰやポスターからも複合的に印象を受けます。また前出のように商品が掲載された雑誌…。そのランクやジャンルで、お客さまの商品に対する印象は良くも悪くも変わります。つまり、コンタクトポイントは間接的でもあり得るということです。でも、**こうしてお客さまの頭の中で複合的＋直接＆間接的に商品の印象が積み重なっていくと、その人の中にあなたの商品の"ブランド"ができあがっていきます。**そう、ブランドとは人の頭の中でできるもの。目の前にあるものでも、差し出せるものでもなく、極めて心理的なもの。**人の頭の中にだけ存在するものです。**だから、**商品に関わる全てのメンバーが、このコンタクトポイントという概念を理解すること。**最後の最後に大事なポイントです。

販売の現場

- ☐ ディスプレイ
- ☐ 什器
- ☐ POP
  （含・POP立て）
- ☐ ポスターやリーフレット
- ☐ キャッチコピー
- ☐ 販売スタッフと接客
- ☐ ユニフォーム
- ☐ 取扱店や企業自体

…他

ネット関連

- ☐ ホームページ
- ☐ SNS（SNSの種類）
- ☐ HP・SNSの写真や
  文章
- ☐ HP・SNSの
  更新頻度
- ☐ メールによる顧客応対
- ☐ アップや返信の
  時間帯
- ☐ ネット上の広告
- ☐ URLやメールアドレス

…他

メディア関連

- ☐ 記事として登場した
  雑誌・新聞
- ☐ 取り上げてくれたTV・
  ラジオなど
- ☐ 広告を出した場所・媒体
- ☐ 推してくれている人
  （著名人）
- ☐ 商品ユーザーによるSNS
- ☐ ユーザーによる商品レビュー
- ☐ ネット上の広告や記事
- ☐ ブログやSNSのヘッダー

…他

印刷物など

- ☐ パンフレット・
  リーフレット
- ☐ ポスターやチラシ
- ☐ 商品のパッケージ類
- ☐ 社用車のデザイン
- ☐ 店頭のPOPなど
- ☐ 名刺や手渡す封筒など
- ☐ 営業時の
  プレゼン資料
- ☐ 印刷物の紙質や
  色合い

…他

人に関すること

- ☐ 電話応対
- ☐ メール応対
- ☐ スタッフの恰好・
  見た目
- ☐ スタッフの
  立ち振る舞い
- ☐ スタッフの言葉づかい
- ☐ 情報発信時の
  言葉選び
- ☐ 広告や印刷物のモデル
- ☐ 商品のユーザー自体

…他

その他

- ☐ 社用車のデザイン
- ☐ 会社・工場の所在地
- ☐ HPなどでの社長のご挨拶
- ☐ 商品の基調色・色使い
- ☐ 商品のロゴやネーミング
- ☐ 商品のストーリー
- ☐ 各種協力会社
- ☐ ノベルティ類

…他

エピローグ　各章で示してきたのは実は「コンタクトポイント」

上記は商品のイメージが受け取られる箇所。商品ブランディングは、これらを通じて行う総合コミュニケーション活動。

STRATEGY 02 | 断片的なイメージの集大成 それが“ブランド”の正体

一貫したイメージの発信で
ブランドができるメカニズム

コンタクトポイントという概念。それらを通じて商品の印象を発信するということ。でも、もうお気づきですね。それだけではありません。**大事なのは「コンタクトポイントを通じて、商品としての一貫したイメージを発信すること」**です。**事例で分かりやすいのは〈レッドブル〉**。その広告・印刷物・使っている音楽・主宰するスポーツイベントやスポンサーするアスリートなどなど、その全てにはアドレナリン全開でストリートカルチャーやXスポーツの香りが常にする一貫したイメージがあります。この一貫性こそが〈レッドブル〉が短期間で世界的エナジードリンクブランドを構築した、ひとつの背景です。だから、私たち商品の売り手・つくり手もブランディングをしようと思ったら、お客さまとの接点であるコンタクトポイントを通じて一貫したイメージを毎日発信しないと。そしてその**一貫したイメージは全てが“商品コンセプト”に基づくべきなのです。**

バラバラの発信を続けると
商品のイメージが固まらない

右頁のように、お客さまはコンタクトポイントを通じて、商品のイメージを日々受け取ります。あなたが発するその断片的なイメージが、お客さまの頭の中で一塊になると、それがブランドに。**「ブランドとは断片的なイメージの集大成」**、これが正体です。**お客さまの頭の中で塊になるには発信するイメージに一貫性が不可欠。**受け取る印象が都度違ったら頭の中で商品のイメージが一塊になりません。そして、これがこの書籍で本当に伝えたかったこと。**「あなたが商品コンセプトを決めたら全てのあらゆる表現・発信から、お客さまがそれを感じられるように統一していこう」**です。特設ＨＰには執筆と同時に起ち上げたスパイスの新ブランドをケーススタディとして掲載。スパイス自体の仕入れは別に、コストは梱包のデザインとコンサル含め約100万円。期間は半年でリリースにまで至りました。ある肉屋さんの奥さまが始めたサイドプロジェクト。参考までに…。

要点に一貫したイメージの発信

商品のイメージ発信が
バラバラの場合・・・

商品が発するイメージに
一貫性がないと

お客さまの頭の中で
ブランドができあがらない

商品のイメージ発信に
一貫性がある場合・・・

その小さなメッセージが
お客さまの頭の中で
ひとかたまりになる

つまりブランドが
完成する！

商品ブランディングは業界全体への貢献にもなる

冒頭のサバ缶
業界を一歩前進させる

この本はブランド化されたサバ缶の話から始まりました。岩手のサバ缶工場が、それまでになかったオシャレなサバ缶を世にリリース。瞬く間に全国に広がったという話は、まさに**ブランディングが商品にパワーを与え、「売る」というより「向こうから買いにくる」という状態をつくった好例**です。今までになかったサバ缶を出す上で、きっと様々な葛藤やバトルがあったと思います。でも、勇気を持って"オシャレなサバ缶"という新しいカテゴリを築いたことにより、自社だけではなくサバ缶業界全体のお客さま増に貢献したとも思います。それどころか〈Ça va?〉に追いつけ追い越せと、今は右頁上の写真のように他社もオシャレなサバ缶を出すようになりました。こうなるとサバ缶の世界でデザイン含めたブランド戦略が当たり前のものになるのは時間の問題。言い換えるならば〈Ça va?〉は業界を一歩カッコよく前進させたことになります。

業界全体で前進する
その原動力がブランディング

…そうなんです。**あなたが地域や業界の先駆者となって商品ブランディングに努めるということは、結果として地域・業界を進化させるキッカケにつながります。**私は、これを"業界貢献"と呼んでいます。あなたが行った商品ブランディングがひとたびヒットし、成功と呼べる段階まで来ると途端に他社から追われ、似たようなコンセプトの商品が市場に出まわるのは常。でも、決して目クジラを立てないでください。**業界の他社もブランディングの重要性を理解し、クールな商品が世に出回り社会の関心を集めれば、それは業界全体にとって喜ばしいこと。そこから互いに、また切磋琢磨の日々です。**ちなみに〈Ça va?〉は、その全国に浸透したブランド名とブランド力をもって、今では横に商品を展開。右頁下の写真のように同ブランドでパスタソースなどの販売を始めています。既にお客さま以上のファンが存在する〈Ça va?〉。手に取るリピーターは多いと思います。

今までとは違うチームで
今までとは違う動きを

最後の頁になりました。ここまでのお付き合いに感謝します。本当にありがとうございました。文中、何度も「これまでとは違った業者さんと…」「今までの付き合いがある業者さん以外に…」と繰り返してきました。**新商品を単にリリースするのではなく、社会にインパクトある商品を出していこうというのが商品ブランディング。これまでのやり方や発想を変えての開発を心がけないといけません。**そのためには、これまで取引のあった印刷屋さんやデザイナー、パッケージ業者さんやHPづくりの会社さんなどを思い切って変えていく勇気も大事だと考えています。決して御社の既存の協力会社さんのお仕事を批判しているわけではありません。口にするだけなら簡単なので私も過去10冊以上書いてきた本とは全く異なるチームで本書の製作を進めてきました。結果として、このように過去にはなかったユニークな仕上がりになりました。

本書の製作チームへ
心からの感謝と敬意を

このユニークなつくりの本に情熱と才能をつぎ込んで下さったチームへの感謝で終わります。まず編集の中尾淳さん、ブックエージェントの糸井浩さんに…。そのチームワークと楽しい毎回のMTGに心からのありがとうございました、を。今回デザインとレイアウト、そしてイラストは、とてつもなく負担がかかったと思います。初見弘一さん、萩原睦さん、遠藤大輔さん、前原正広さん、後藤薫さん他には、ありがとうございましたでは、とても足りません。皆さまの偉大な仕事に最大級の敬意を。また全てを取り仕切り、時間や製作の管理をしてきた秘書の原三由紀。共著者といっても過言ではない、その素晴らしい仕事ぶりに大きな感謝を。また写真の相澤涼太さん、各種デザインの毛利祐規さん、WEB関連のデザインの平泉優加さん、そして協力頂いた萩原珠さん、長い時間を共に過ごして下さったこと生涯忘れません。事例に登場したクライアントを含む全世界の企業の皆さま、そして両親にも。本当にありがとうございました。この書籍には弊社コンサルタントとして長年活躍してきた粉奈健太郎の仕事も多々含まれています。これを最後にスターブランドを去る彼にメッセージを。Ken、たくさんの思い出をありがとう。さびしくなるけど、また次のステージで会おう！

村尾隆介（むらお りゅうすけ）

ブランディング、ブランド戦略の専門家。スターブランドの共同経営者。日経BP総研客員研究員。スターブランドのフロントマンとして全国をプロジェクトで飛びまわる。中小企業のブランド戦略ブームを起こしたブランディングの第一人者。弱冠14歳で単身渡米。ネバダ州立大学教養学部政治学科を卒業後、本田技研工業（ホンダ）に入社。同社汎用事業本部で中近東・北アフリカのマーケティング・営業業務に携わる。退職後、食品の輸入販売ビジネスで起業。事業売却を経て現職。その成功ノウハウを、多くの会社やお店に提供するために起業した「スターブランド株式会社」は「ブランド戦略」におけるリーディングカンパニーとして北海道から沖縄まで多数のクライアントを抱える。
著書に『小さな会社のブランド戦略』(PHP研究所)、『今より高く売る！小さな会社のブランドづくり』(日経BP)、『安売りしない会社はどこで努力しているか？』(大和書房)、『マイクレド』(共著、かんき出版)などがある。

【特設HP】
http://www.starbrand.co.jp/shoseki/

かなら　せいか
必ず成果につながる
しょうひん　　　　　　　　　　　　じっせんこうざ
「商品ブランディング」実践講座

2020年2月20日　初版発行
2023年6月20日　第3刷発行

著　者　村尾隆介 ©R.Murao 2020
発行者　杉本淳一

発行所　株式会社 **日本実業出版社**　東京都新宿区市谷本村町3-29 〒162-0845
　　　　編集部 ☎03-3268-5651
　　　　営業部 ☎03-3268-5161　振　替　00170-1-25349
　　　　　　　　　　　　　　　　https://www.njg.co.jp/

印刷・製本／中央精版印刷

この本の内容についてのお問合せは、書面かFAX（03-3268-0832）にてお願い致します。
落丁・乱丁本は、送料小社負担にて、お取り替え致します。

ISBN 978-4-534-05757-0　Printed in JAPAN

日本実業出版社の本

担当になったら知っておきたい「プロジェクトマネジメント」実践講座

目標を自ら設定し、期限内に自らコントロールして達成する活動（プロジェクト）をする能力【プロジェクトマネジメント】は注目度が高い。本書は具体的知識とツールを、「目標設定」「計画」「実行」の3つの視点で解説する。ISO21500：2012に準拠！

伊藤大輔・著
定価 本体 2200 円（税別）

担当になったら知っておきたい「販売促進」実践講座

販促の「基本」「目標設定」「計画」「実行（販促手法）」「評価・改善」を実践に即して解説。「直接的な販促」「媒体による販促（新規顧客向け）」「同（既存顧客向け）」「イベントによる販促」「HP、ブログ、SNSなどネットによる販促」等に完全対応！

岩本俊幸・著
定価 本体 2300 円（税別）

簡単だけど、すごく良くなる77のルール デザイン力の基本

累計65万部超「○○力の基本」シリーズ最新作のテーマは「デザイン」。よくやりがちなダメパターン「いきなり手を動かす」「とりあえず大きくすれば目立つ」「いろんな色、書体を使いたがる」などを避けるだけで、プロのデザイナーの原理原則が身につく！

ウジトモコ・著
定価 本体 1500 円（税別）

定価変更の場合はご了承ください